JOSÉ

MW00965828

Historias para Conversar

NIVEL UMBRAL

SOCIEDAD GENERAL ESPAÑOLA DE LIBRERÍA, S. A.

Primera edición, 1989
Segunda edición, 1991
Tercera edición, 1992
Cuarta edición, 1994
Quinta edición, 1996
Sexta edición, 1997
Séptima edición, 1999

Produce: SGEL-Educación
          Avda. Valdelaparra, 29 - 28108 ALCOBENDAS (MADRID)

Dibuja: M. Rueda
Maqueta: C. Campos
Cubierta: L. Carrascón

ISBN: 84-7143-398-2
Depósito Legal: M. 1.387-1999
Impreso en España - Printed in Spain

Compone e imprime: NUEVA IMPRENTA, S. A.
Encuaderna: F. MÉNDEZ

INTRODUCCIÓN

Objetivo

En la enseñanza de una lengua extranjera, muchos profesores sienten la necesidad de usar un libro para habituar a sus estudiantes a leer. Para responder a esta demanda se ha escrito este libro, que también tiene como fin el hacer desarrollar el dominio de la lengua oral. Por eso la colección de treinta historias aquí incluidas se llama «para conversar». Éstas son anécdotas breves y sencillas, y cada una va seguida de ejercicios para practicar básicamente las habilidades lingüísticas mencionadas. El nivel responde al de aquellos alumnos que, después de una primera inmersión en la lengua, se encuentran aún haciendo la travesía de la etapa inicial. Como complemento del libro, puede usarse también una cassette en la que están grabadas las historias.

Los ejercicios

 1. Normalmente se le pide aquí al alumno que reutilice palabras de la historia para completar otras frases. Entre paréntesis se le dan la línea o líneas donde se encuentran aquellas palabras, que unas veces hay que trasladar en el mismo orden, y otras, no.

 2. También se indica aquí, por medio de los números entre paréntesis, en qué línea se encuentra la palabra pedida.

 3. Este ejercicio está ideado para repetir, y en parte reproducir, el caudal lingüístico contenido en la historia. Un signo, el medio rombo, ▶, aparece pospuesto a la primera sílaba de una palabra, sea aquélla una vocal (a▶=ala) o una vocal acompañada de una o más consonantes (lo-▶=loco, pri▶=prisa). En el caso de las palabras monosílabas, el medio rombo sigue siempre a la primera letra (s▶=soy; y▶=yo).

 4. También se utiliza el medio rombo en este ejercicio, que es siempre un diálogo y cuyo objeto principal es servir de modelo para que los alumnos, en parejas, hagan otros dos. A este respecto se sugiere, para dar

5

más equitativa participación, que en el segundo diálogo el alumno A haga de B y viceversa. Las palabras en cursiva deben ser respetadas.

 5. *En este ejercicio se llama la atención al alumno sobre puntos sintácticos de interés, en paralelo con otros aparecidos en la historia.*

6. *Aquí se persigue que el usuario del libro consolide ciertas palabras de la historia y que aprenda otras relacionadas con alguna o algunas de aquéllas. El ejercicio pretende el doble fin de enseñar y entretener.*

SUMARIO

El signo ▶, que el alumno encontrará en los ejercicios 3 y 4 de cada capítulo, debe ser sustituido por parte de una palabra perteneciente a cada relato. Las letras iniciales o finales que lo acompañan constituyen una ayuda.

¿QUIÉN ES USTED?

Es domingo por la tarde, hora de visita en el manicomio   1
provincial.   *(parar – to stop)*

En un pasillo, un loco para a un señor muy bien vestido.

—¿Quién es usted?

—Soy Alejandro Magno.   *the Great*   5

—¿De verdad?   *creer – To believe*

—¡Naturalmente! ¿No se lo cree?

—¡No, porque Alejandro Magno soy yo!

[handwritten top right: fingir = imaginer – feindre]

NOTAS

[handwritten: manicomio – asile]

[handwritten: Escribir]

1. **Escriba las frases sinónimas de la historia**

1. De la provincia.
   .....provincial (2).
2. Detiene. *(detener)*
   .....para (3).
3. ¿Es cierto?
   .....De verdad (6).
4. ¡Sí, señor!
   Naturalmente (7).

[handwritten: Buscar]

2. **Busque en la historia las palabras de significado más afín**

1. Lunes.
   Domingo..... (1).
2. Noche.
   tarde (1).
3. Habitación.
   pasillo...... (3).
4. Mentira.
   verdad (6).

9

3. Lea con su compañero

A) Es do▶ por la tarde, ho▶ de visita en el manicomio provincial.

B) En un pasillo, un lo▶ para a un se▶ muy bien vestido.

A) —¿Q▶ es usted?
B) —S▶ Alejandro Magno.

A) —¿De ver▶?
B) —¡Naturalmente! ¿No se lo cr▶?

A) —¡No, porque Alejandro Magno s▶ yo!

4. Diálogos

a) Lea con su compañero:

A) —¿*Quién es* usted?
B) —¿Y usted?

A) —Yo soy Napoleón.

B) —¡No es verdad!
A) —¿Por qué?

B) —¡Porque Napoleón soy yo!

b) Hagan dos diálogos parecidos.

5. Complete adecuadamente cada frase

por, peinado, te, de, a

1. Un niño muy bien .peinado.
2. Es miércoles .por. la noche.
3. Es hora .de. comer.
4. ¿No .te. lo crees?
5. Un señor pregunta .a. un camarero.

10

6. Pasatiempo

Marcar

A) Marque en la sopa de letras los nombres de los siete días de la semana.

M	O	U	G	B	T	R	V	E	N	R	F	B
R	I	R	. M	D	O	M	I	N	G	O	R	Z
Y	O	E	J	N	A	G	E	L	D	M	F	N
G	P	H	R	R	J	Q	R	K	S	L	J	T
B	H	D	T	C	E	L	N	F	Ñ	U	G	P
C	R	E	B	M	O	T	E	P	E	N	S	O
T	S	S	O	G	A	L	S	V	L	E	I	R
S	A	B	A	D	O	B	E	A	E	S	T	N
E	A	M	R	L	U	S	T	S	A	N	L	C

B) 1. Coloque las palabras anteriores en la columna de la izquierda.

2. Escriba una actividad en las casillas marcadas con una cruz.
   Ejemplos: *trabajo, leo, duermo, estudio, paseo, bailo...*

3. Pregunte a su compañero por estas actividades.
   Ejemplo: *¿qué haces el martes por la mañana?*

DÍA	MAÑANA	TARDE	NOCHE
Lunes		x trabajo	
Martes	x trabajo		
Miércoles		x trabajo	
jueves			x Miro televisión
viernes			x bailo
Sábado	x duermo		
Domingo		x ando	

11

HABITACIÓN CON BAÑO

Son las diez de la noche. Felipe Huete va en el tren   1
Madrid-Sevilla. Felipe bosteza, está cansado. Ya falta poco
para Sevilla; algunos pasajeros cogen sus equipajes. Felipe no
conoce Sevilla y hace preguntas a un compañero de asiento.
A la salida de la estación, Felipe toma un taxi y da el nombre   5
de un hotel. El taxista le lleva por un barrio antiguo, donde
las casas son blancas, las calles estrechas, y hay naranjos en
las aceras. En las ventanas hay macetas con flores. Ya en el
hotel, Felipe pregunta a un recepcionista:
— ¿Cuánto cuesta la habitación individual?   10
—Tres mil pesetas.
— ¿Con baño?
—Sí, señor, todas las habitaciones tienen baño y ducha.
— ¿El precio incluye el desayuno?
—Sí, señor.   15
—Bien, deme una habitación.
—No hay habitaciones libres esta noche, señor.

12

(handwritten note, circled) coger/no

(handwritten vocabulary notes)

bosteza(r) Bâiller —

estrechas - étroites *(circled)* anchas = wide

aceras - trottoires

macetas - pots

aún - encore

faltar - to miss, to remain

Recoger = tomar

almuerzo - lunch

(handwritten) Decir

1. Diga la verdad con palabras de la historia

1. Son las cuatro de la tarde.
   No, son las diez de la noche (1).

2. Aún falta mucho para Sevilla.
   No, ya falta poco (2).

3. Felipe sube a un autobús.
   No, Felipe toma un taxi (5).

4. El taxi va por la parte moderna de Sevilla.
   No, va por un barrio antiguo (6).

5. En las aceras hay macetas con flores.
   No, las macetas están en las ventanas (8).

(handwritten) look for

2. Busque los sinónimos de

1. Fatigado.
   cansado (2).

2. Queda.
   falta (2).

3. Viajeros.
   pasajeros (3).

4. Vecino.
   compañero (4).

5. Vale.
   cuesta (10).

6. Comprende.
   incluye (14).

3. Lea a su compañero

A) Son las diez de la no▶. Felipe Huete v▶ en el tren Madrid-Sevilla. Felipe bosteza, es▶ cansado. Ya falta po▶ para Sevilla; algunos pasajeros cogen s▶ equipajes. Felipe no co▶ Sevilla y hace pre▶ a un compañero de asiento. A la salida de la estación, Felipe to▶ un taxi y da el nombre de un hotel. El taxista le lle▶ por un barrio antiguo, don▶ las casas son blan▶, las calles estrechas, y h▶ naranjos en las aceras.

B) En las ven▶ hay macetas con flo▶. Ya en el hotel, Felipe pre▶ a un recepcionista: «¿Cuán▶ cuesta la habitación individual?» «Tres mil pesetas». «¿Con baño?» «Sí, señor, todas las habitaciones tienen baño y ducha». «¿El precio incluye el desayuno?» «Sí, señor.» «Bien, deme una habitación.» «No hay habitaciones libres esta noche, señor.»

4. Diálogos

a) Lea con su compañero:

A) —¿*Tienen* ha▶ doble con baño?
B) —Sí, señor, con baño y du▶.
A) —¿*Cuánto cues*▶?
B) —Cin▶ m▶ pesetas.
A) —¿El pre▶ incluye el desayuno?
B) —No, el desayuno vale trescientas pesetas más por persona.

b) Hagan dos diálogos parecidos.

5. Complete adecuadamente cada frase

| denos, hay, ya, falta, me, algunos |

1. ¿Cuánto tiempo falta para las vacaciones?
2. Algunos viajeros fuman.
3. Un mozo me lleva el equipaje.
4. ¿Cuántos hoteles hay en Sevilla?
5. Ya estoy fatigado.
6. Denos otra cerveza.

14

6. Pasatiempo

A) Escriba las siguientes palabras al derecho:

a) ETLLEIB
BILLETE _

b) NÉDNA
ANDÉN _

c) ANGISNOC
CONSIGNA _

d) NÓGAV
VAGÓN _

e) ARETIL
Litera _ _

B) Coloque cada palabra bajo el dibujo correspondiente:

1. _Litera_ _

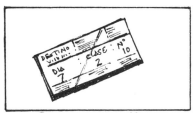
2. _BILLETE_ _

3. _CONSIGNA_ _ _

4. _ANDÉN_ _
   Quai

5. _VAGÓN_

15

VIERNES POR LA NOCHE

Enrique López entra en un bar con varios compañeros de   1
trabajo. Están contentos. Es viernes por la tarde y tienen dos
días de descanso por delante. Todos los viernes toman una
copa juntos, pero hoy hay también un motivo especial. Uno de
los amigos se casa el lunes próximo. Enrique y sus amigos sa-   5
len de aquel bar y se meten en otro, y después en otro y en
otro y en otro... Varias horas después, a las doce y media de la
noche, Enrique llama al timbre de su casa.

—¡Abre con tu llave! —le grita su mujer desde dentro.

—No puedo —contesta aquél—. Estoy borracho.   10

—Yo tampoco puedo.

—¿Por qué?

—¡Porque yo estoy borracha también!

16

NOTAS

borracho - ivre
tampoco - non plus   *réponse negatif)*
delante - devant
barias - plusieurs
timbre - sonnette
casar - se marier   *réponse,*
también - aussi   *affirmatif)*

1. Complete con palabras de la historia

1. Es viernes por la tarde (2). ✓
2. Dos días de descanso (3). ✓
3. Hoy hay también un motivo especial (4). ✓
4. El timbre de su casa (8). ✓
5. Yo estoy borracha también (13). ✓

2. Busque los antónimos de

1. Descontentos.
   Contentos (2).
2. Detrás.
   Delante (3).
3. Separados.
   juntos (4).

4. Divorcia.
   se casa (5).
5. Entran en
   Salen de (5-6).
6. Antes.
   después (6).

3. Lea a su compañero

A) Enrique López entra en un bar con varios compañeros de tra▶. Están contentos. Es vier▶ por la tarde y tie▶ dos días de descanso p▶ delante. Todos los viernes to▶ una copa juntos, pe▶ hoy hay tam▶ un motivo especial. Uno de los amigos s▶ casa el lunes próximo. Enrique y sus amigos salen de aquel bar y se me▶ en otro, y después en otro y en otro y en otro...

B) Varias ho▶ después, a las doce y me ▶ de la noche, Enrique lla▶ al timbre de su casa. «¡Abre con tu lla▶!», le grita su mujer desde den▶. «No puedo», contesta aquél. «Es▶ borracho.» «Yo tampoco pue▶.» «¿Por qué?» «¡Por▶ yo estoy borracha tam▶!»

4. Diálogos

a) Lea con su compañero:

A) —¿_Quién_ lla▶?
B) —Soy yo. A▶ la puerta.
A) —A▶ tú.
B) —No tengo lla▶.
A) —Yo tam▶.

b) Hagan dos diálogos parecidos.

5. Complete adecuadamente cada frase

> nos, tampoco, también, por, hay

1. Es jueves _por_.. la mañana.
2. No _hay_ mucho tiempo.
3. _Nos_.. casamos mañana.
4. No, yo _tampoco_ puedo.
5. Sí, ella _también_ toca el piano.

18

6. Pasatiempo

DÍAS   ESPECIAL   SALEN   HORAS   COMPAÑEROS

A) Las palabras anteriores son de la historia.

Marque en la sopa de letras otras cinco palabras parecidas.

B) Complete adecuadamente con las palabras encontradas

1. ¿Me a c o m p a ñ a s?
2. Un tren D I a r i o.
3. ¿Dónde está la S a L I D A?
4. Un h o r a r i o de autobuses.
5. Contrataron a un E S p e C I A L I S T A

19

ES AL REVÉS

Jesús pasea por un parque. Es el mes de mayo y los árbo- 1
les están en flor. Es por la tarde y hace un sol espléndido. Por
todas partes hay niños jugando. Las personas mayores pasean o están sentadas. Jesús llega a una plaza circular. En su
centro hay una gran fuente de mármol y, alrededor de ésta, 5
hay varios bancos de madera. Desde uno de esos bancos un
hombre mira a Jesús atentamente. Ahora Jesús mira a aquél
y piensa: «Es Claudio, estoy seguro, ¡y me debe diez mil pesetas!»
    —¡Claudio, qué alegría!
    —¡Jesús, qué sorpresa! 10
    —¡Cuánto tiempo!
    —Sí, veinte años.
    —¿Cómo estás?
    —De memoria, muy bien: me debes diez mil pesetas.
    —¡Ah, no, estás muy mal de memoria! Es al revés. ¡Tú me 15
debes a mí diez mil pesetas!

NOTAS

Revés - contraire
marmól - marbre

1. Complete con palabras de la historia

1. Los árboles están en flor (1-2).
2. Hace un sol espléndido (2).
3. Hay niños jugando (3).
4. Un hombre mira a Jesús atentamente (6-7).
5. Me debes diez mil pesetas (15-16).

21

2. Busque los sinónimos de

1. Redonda. ✓
   Circular (4).
2. En medio.
   en el Centro (5).
3. Algunos. ✓
   Varios (6).

4. Con interés. ✓
   atentamente (7).
5. Se dice. ✓
   piensa (8).
6. No hay duda. ✓
   estoy seguro (8).

3. Lea a su compañero

A) Jesús pasea por un parque. Es el m▶ de mayo y los árboles es▶ en flor. Por to▶ partes hay ni▶ jugando. Las personas mayores pasean o están sen▶. Jesús llega a una pla▶ circular.

B) En su centro h▶ una gran fuente de mármol y, alrededor de és▶, hay varios bancos de ma▶. Desde uno de estos bancos, un hombre mi▶ a Jesús atentamente. Ahora Jesús mi▶ a aquél y piensa: «Es Claudio, es▶ seguro, ¡y m▶ debe diez mil pesetas!»

4. Diálogos

a) Lea con su compañero:

A) —¿E▶ Claudio?
B) —¿Y tú e▶ Jesús?
A) —Sí, ¿có▶ estás?
B) —Muy b▶.
A) —M▶ debes diez mil pesetas.
B) —Es al re▶.

b) Hagan dos diálogos parecidos.

5. Complete adecuadamente cada frase

te, cuánta, hay, por, de

1. ¿Paseas por el campo? ✓
2. En la plaza hay un árbol. ✓
3. Una casa de piedra. ✓ pierre
4. ¿Cuánto te debo? ✓
5. ¡Cuánta gente! ✓ normal

6. Pasatiempo

A) Marque en esta sopa de letras seis nombres de materiales o géneros.

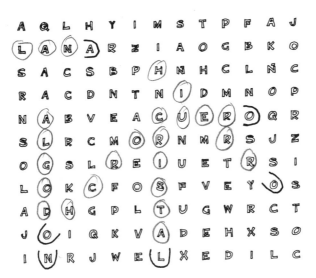

A	Q	L	H	Y	I	M	S	T	P	F	A	J
L	A	N	A	R	Z	I	A	O	G	B	K	O
S	A	C	S	B	P	H	N	H	C	L	Ñ	C
R	A	C	D	N	T	N	I	D	M	N	O	P
N	A	B	V	E	A	C	U	E	R	O	Q	R
S	L	R	C	M	O	R	N	M	R	S	J	Z
O	G	S	L	R	E	I	U	E	T	R	S	I
L	O	K	C	F	O	S	F	V	E	Y	O	S
A	D	H	G	P	L	T	U	G	W	R	C	T
J	O	I	Q	K	V	A	D	E	H	X	S	O
I	N	R	J	W	E	L	X	E	D	I	L	C

B) Complete las siguientes frases con las palabras encontradas.

camisa

1. Una [camisa] de _algodón_. ✓

pelota – balón

2. Un [balón] de _cuero_. ✓

Bufanda

3. Una [bufanda] de _LANA_. ✓

Tapon

4. Un [tapón] de _CORCHO_. ✓

vaso

5. Un [vaso] de _CRISTAL_. ✓

mesa

6. Una [mesa] de _HIERRO_. ✓

23

¿Está don Alonso Brines?

Pilar vive sola, en un barrio de gente rica. El piso de Pilar   1
es grande y con muy buenos muebles. En él guarda también
algunos cuadros y joyas de gran valor. Pilar se va de vacaciones dentro de unos días. El piso se va a quedar solo y Pilar
tiene miedo a los ladrones. Las puertas de su piso son antiguas   5
y artísticas, pero no muy fuertes. Ella habla de su problema
con una amiga y ésta le da el nombre y el teléfono de un
amigo suyo. Pilar llama al día siguiente.

—Oiga, ¿es SECURIT, PUERTAS DE SEGURIDAD?
—Sí, dígame.   10
—¿Me pone con don Alonso Brines?
—No puedo, señora.
—¿Por qué?
—Porque no me hablo con él.

1. Diga la verdad con palabras de la historia

1. Los vecinos de Pilar son muy pobres.
   No, porque Pilar vive en un bario de gente rica (1).
2. Pilar es pobre.
   No, porque en su piso guarda cuadros y joyas de gran valor (2-3).
3. Las puertas del piso de Pilar tienen poco valor.
   No, porque son antiguas y artisticas (5-6).
4. Primeramente, Pilar va a SECURIT.
   No, primeramente Pilar habla de su problema con una amiga (6-7).
5. Pilar llama a SECURIT aquel mismo día.
   No, Pilar llama al dia seguiente (8).

2. Complete las siguientes frases con la palabra adecuada de la historia

1. Un barrio. elegante de la ciudad (1).
2. Es un edificio de pisos (1).
3. Sillas y otros muebles (2).
4. Canciones antiguas (5).
5. La luz del día...... (8).

3. Lea a su compañero

A) Pilar vive sola, en un barrio de gen▶ rica. El piso de Pilar es grande y c▶ muy buenos muebles. En él guarda tam▶ algunos cuadros y joyas de gran va▶. Pilar s▶ va de vacaciones dentro de u▶ días. El piso se va a quedar so▶ y Pilar tiene mie▶ a los ladrones.

B) Las puertas de su pi▶ son antiguas y artísticas, pero no muy fuertes. Ella ha▶ de su problema con una amiga y és▶ le da el nombre y el teléfono de un amigo su▶. Pilar llama al día si▶. «Oiga, ¿es SECURIT, PUERTAS DE SEGURIDAD?» «Sí, dígame.» «¿Me pone con el señor Briones?» «No puedo, señora.» «¿Por qué?» «Porque no me hablo con él.»

4. Diálogos

a) Lea con su compañero:

A) —Oi▶, ¿está don Alonso Brines?
B) —Sí, señora. *¿De parte de quién?*
A) —*De* Pilar Moreno. ¿Me po▶ con él?
B) —No pue▶, señora.
A) —¿P▶ qu▶?
B) —Por▶ no me hablo con él.

b) Hagan dos diálogos parecidos.

5. Complete adecuadamente cada frase

> *a, algunas, de, mío, se*

1. Un restaurante de lujo.
2. Algunas. joyas.
3. Dentro de. un año.
4. El niño se... queda solo.
5. No tengo miedo a. los ratones.
6. Un amigo mío..

26

6. Pasatiempo

GUARDA   CUADRO   JOYAS*   PUERTA   ARTÍSTICO   AMIGA   DÍA

A) Marque en la sopa de letras otras ocho palabras parecidas.

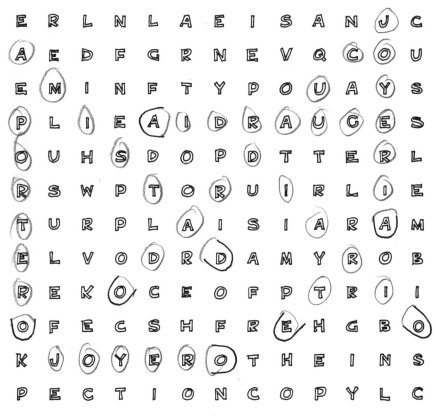

enueloppe

B) Coloque adecuadamente las palabras encontradas.

1. Un g u a r d i a de tráfico.
2. Un sobre c u a d r a d o.
3. Este j o y e r o tiene otra j o y e r i a.   *bijoutier*   *Bijouterie*
4. El p o r t e r o de la casa.
5. El a r t e de la música.
6. Una gran a m i s t a d.
7. El trabajo d i a r i o.

_____
* Hay dos palabras parecidas.

M.M.M., S.L

MARTÍNEZ, MARTÍNEZ Y MARTÍNEZ, S. L. (*), fabrica varios tipos de detergentes. Éstos son muy conocidos por los anuncios de TV y la radio. También son populares los premios de esta compañía. Cada mes sortea varios millones de pesetas entre las amas de casa, compradoras de estos productos.

Llaman por teléfono a las oficinas centrales de la compañía.

—MARTÍNEZ, MARTÍNEZ Y MARTÍNEZ, S. L., dígame.

—¿Está el señor Martínez?

—El señor Martínez está en el extranjero.

—Bueno, ¿me pone con el señor Martínez?

—Está en una reunión.

—¿A qué hora termina?

—A las dos.

—Ah, no, eso es muy tarde. Oiga, ¿y no está el señor Martínez?

—Sí, soy yo, ¿qué desea?

(*) S. L. = Sociedad Limitada.

NOTAS

premios = prix, récompense
amas - maîtresses de maison ← amas de casa
Compradoras - acheteurs

1. **Complete con palabras de la historia**

1. M. M. M. fabrica *varios* tipos *de* detergentes (2).
2. Los detergentes de M. M. M. son *muy* *conocidos* por los *anuncios* de la TV y la *radio* (2-3).
3. M. M. M. *sortea* varios millones de pesetas *entre* *las* amas de *casa* (4-5).
4. Llaman *por* teléfono *a* las oficinas centrales (7).
5. El señor Martínez *está* en el *extranjero* (12).

29

2. Busque los antónimos de

1. Desconocidos.
   conocidos (2).
2. Impopulares.
   populares (3).
3. Vendedoras.
   compradoras (5).
4. Empieza. _commencer_
   termina (15).
5. Temprano. _early_
   tarde (17).

3. Lea a su compañero

A) MARTÍNEZ, MARTÍNEZ Y MARTÍNEZ, S. L., fa▶ varios tipos de detergentes. Éstos son m▶ conocidos por los anuncios de la TV y la radio. Tam▶ son populares los pre▶ de esta compañía. Cada m▶ sortea varios millones de pesetas entre las amas de ca▶, compradoras de es▶ productos. Llaman por teléfono a las o▶ centrales de la compañía.

B) «MARTÍNEZ, MARTÍNEZ Y MARTÍNEZ, S. L., dí▶» «¿Está el señor Martínez?» «El señor Martínez es▶ en el extranjero.» «Bueno, ¿m▶ pone con el señor Martínez?» «Está en u▶ reunión.» «¿A qu▶ hora termina?» «A l▶ dos.» «Ah, no, eso e▶ muy tarde. Oiga, ¿y no está el señor Martínez?» «Sí, soy yo, ¿qu▶ desea?»

4. Diálogos

a) Lea con su compañero:

A) —¿Es▶ el señor Fernández?
B) —Es▶ en el extranjero.
A) —Bueno, ¿me po▶ con el señor López?
B) —Está en u▶ reunión.
A) —¿Y n▶ _está_ el señor Sánchez?
B) —Soy yo, ¿qu▶ desea?

b) Hagan dos diálogos parecidos.

5. Complete adecuadamente cada frase

> *tampoco, eso, de, varios, cada, también*

1. Dos tipos d.e. premios.
2. Sí, el señor López también está en una reunión.
3. Sortean premios cada dos semanas.
4. Eso. no me gusta.
5. Fabrican varios.. productos.
6. No, el señor Rojo tampoco está.

6. Pasatiempo

en placant

A) Forme nuevas palabras colocando la terminación correcta.

> -ero   -nsual   -es   -o
> -amos   -e   -ario

a) CONOCIDOS   b) ANUNCIOS   c) MES
   CONOCe s   ANUNCIa r i o   MEn s u a l

d) MILLONES   e) PRODUCTOS   f) COMPAÑÍA
   MILLONa r i o   PRODUCe   COMPAÑe r o

g) DESEA
   DESEo

Placer

B) Coloque adecuadamente las nuevas palabras.

1. ¿Conoces. Estambul?
2. No anunciario. nuestros productos.
3. Dime un deseo
4. Tengo un amigo millonario
5. ¿Qué produce. esta región?
6. Mi compañero. de trabajo.
7. Una revista mensual

MAMÁ ESTÁ OCUPADA

Chipi, un niño de cuatro años, ayuda mucho a su mamá. 1
Va a por el pan y la leche, y los domingos compra el periódico. Chipi ve historias para niños en sus libros y en la *tele,* y
luego las cuenta a su mamá. Es muy listo. A veces el pequeño
descuelga el teléfono, y coge algún recados cuando su mamá 5
está ocupada. En la guardería Chipi, es uno de los primeros de
su clase. Aprende muy fácilmente, y siempre está dispuesto a
responder a las preguntas de la profesora.

Suena el teléfono. Chipi está jugando con sus juguetes en
su habitación. 10
—¡Coge el teléfono, Chipi! —grita su madre—. ¡Pregunta
quién es!
—Estoy jugando, mamá, cógelo tú.
—No puedo, hijo, estoy en el baño.
Chipi descuelga el teléfono. 15
—¿Diga?
—¿Está tu madre, Chipi?
—Sí, pero está haciendo caca.

Ser
es listo - intelligent .   *estan*
esta listo = ready

descuelga - dirroche
recado - message verbal
↳ mensages Latin America

Gregorio

1. Complete con la palabra adecuada de la historia

1. Mi hijo me *ayuda* mucho (1). ✓
2. Goyo estudia y *luego* ve la *tele* (4). ✓
3. Tengo un *recado* para ti (5). ✓
4. No está *dispuesto* a reparar el coche (7). ✓
5. La mamá *descuelga* el teléfono (15). ✓

2. Una con una línea para formar frases de la historia

Cuenta historias —————— porque su mamá está ocupada. ✓
Descuelga el teléfono —————— está jugando. ✓
Es uno de los primeros —————— quién es. ✓
Chipi —————— de su clase. ✓
Pregunta —————— tu madre? ✓
¿Está —————— a su mamá. ✓

3. Lea a su compañero

A) Chipi, un niño de cuatro años, a▶ mucho a su mamá. V▶ a por el pan y la leche, y los domingos com▶ el periódico. Chipi v▶ historias para niños en s▶ libros y en ¹a *tele,* y luego l▶ cuenta a su mamá. Es muy lis▶. A veces el pe▶ descuelga el teléfono y coge al▶ recado cuando su mamá está o▶. En la guardería, Chipi es uno de los pri▶ de su clase. Aprende muy fá▶, y siem▶ está dispuesto a res▶ a las preguntas de la profesora.

B) Suena el teléfono. Chipi está ju▶ con sus juguetes en su ha▶. «¡Coge el teléfono, Chipi!», grita su ma▶. «¡Pregunta qu▶ es!» «Es▶ jugando, mamá, có▶ tú.» «No puedo, hi▶, estoy en el baño.» Chipi descuelga el teléfono. «¿Di▶?» «¿Es▶ tu madre, Chipi?» «Sí, pero está ha▶ caca.»

4. Diálogos

a) Lea con su compañero:

A) —¿Di▶?
B) —¿Eres Chipi?
A) —Sí, soy yo.
B) —¿Es▶ tu mamá?
A) —Sí, *pe*▶ está durmiendo.
B) —*Bueno, lue*▶ *llamo.*

b) Hagan dos diálogos parecidos.

5. Complete adecuadamente cada frase

> *alguna, de, a, viendo*

1. Una mujer .de.. treinta años. ✓
2. Ve .a. por la leche, por favor. ✓
3. A veces juega en el jardín. ✓
4. ¿Alguna pregunta? ✓
5. Uno de. los más listos. ✓
6. Está viéndola tele. ✗

34   *algunas*

6. Pasatiempo

A) Forme nuevas palabras colocando la terminación correcta.

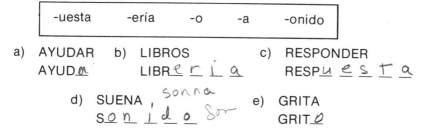

| -uesta | -ería | -o | -a | -onido |

a) AYUDAR b) LIBROS c) RESPONDER
   AYUD_a_   LIBR_ería_   RESP_uesta_

   d) SUENA , _sonna_   e) GRITA
      S_o_n_i_d_o _Sor_   GRIT_o_

B) Coloque adecuadamente las nuevas palabras.

1. Esta radio tiene un buen _sonido_. ✓
2. Un _grito_ de terror. ✓
3. Una _respuesta_ clara. ✓
4. ¿Hay una _librería_ por aquí? ✓
5. Te pido _ayuda_ ✓

MALA MEMORIA

Juanito acompaña a su mamá por el mercado. Es sábado   1
por la mañana, el día de la compra semanal. La madre de
Juanito va mirando los puestos de fruta, pescado, carne, etc.,
y compara precios. Juanito no mira nada; va lamiendo un helado enorme, mientras tira del carrito de la compra, todavía   5
vacío. Madre e hijo se paran ahora ante una carnicería. Allí la
señora pide un kilo y medio de carne de vaca para asar y un
kilo para filetes. Cuando el dependiente envuelve ya los filetes,
aquélla pide también dos kilos de chuletas de cerdo.

—¿Y carne picada no lleva usted hoy, señora? La tenemos   10
muy buena.

—Bueno, deme un kilo.

Luego el dependiente dice:

—Son seis mil pesetas, señora.

Ésta abre su bolso, busca y por fin exclama: 15

—¡Pero qué mala memoria, no llevo el billetero!

En este momento Juanito termina su helado y comenta:

—¡Pero cuántas mentiras dices, mamá!

NOTAS

puestos – postes
lamiendo – de (lamer) – lécher.
asar – rôtir
envuelve – enveloppes
chuletas de cerdo   côtelette de porc.
picada – (viande) hachée
llevar – emporter

1. Complete con palabras de la historia

1. La madre de Juanito *va mirando los puestos* del mercado (3). ✓
2. El carrito *de la compra* está *todavía vacío* (5-6). ✓
3. ¿Me da un *kilo de vaca para asar* (7).
4. Quiero también *dos kilos de chuletas de cerdo* (9). ✓
5. Sí, mamá, *dice* muchas *mentiras* (18). ✓

2. **Busque los antónimos de**

1. Todo.
   nada (4).
3. Lleno.
   vacío (6).
5. Cierra.
   abre (15).
2. Empuja el.
   tira del (5).
4. Detrás de.
   ante de (6).
6. Verdades.
   mentiras (18).

3. **Lea a su compañero**

A) Juanito acompaña a su mamá por el mer▶. Es sá▶ por la mañana, el día de la compra se▶. La madre de Juanito va mi▶ los puestos de fruta, pes▶, carne, etc., y com▶ precios. Juanito no mira na▶; va lamiendo un he▶ enorme, mientras tira d▶ carrito de la compra, to▶ vacío. Madre e hijo se pa▶ ante una carnicería. Allí la señora pi▶ un kilo y me▶ de carne de vaca para asar y un kilo para fi▶.

B) Cuando el dependiente envuelve y▶ los filetes, aquélla pi▶ también dos ki▶ de chuletas de cerdo. «¿Y carne picada no lle▶ usted hoy, señora? L▶ tenemos muy buena.» «Bueno, de▶ un kilo.» Luego el dependiente di▶: «Son seis mil pe▶, señora.» Ésta abre su bolso, bus▶ y por fin exclama: «¡Pero qué mala me▶ tengo, no lle▶ el billetero!» En este momento Juanito ter▶ su helado y comenta: «¡Pero cuán▶ mentiras dices, mamá!»

4. **Diálogos**

a) Lea con su compañero:

A) —¿Qu▶ desea?
B) —Medio kilo de filetes de va▶.
A) —¿Algo más?
B) —Un kilo de car▶ de cerdo para asar.
A) —¿Cuán▶ es?
B) —S▶ cuatro mil pesetas.

b) Hagan dos diálogos parecidos.

5. **Complete adecuadamente cada frase**

> para, va, por, qué, lo

1. Pasea por la mañana.
2. Va hablando con su hija.
3. Tiempo para pensar.
4. Lo vendemos todo.
5. ¡Qué buen café!

6. Pasatiempo

A) Encuentre en esta sopa de letras los nombres de seis alimentos.

Saucisson piment Rouge

```
N A T U R E N N U I S T U J
D E N T P A V O S W O R A K
C B O O O K M A D R I M D T
H O E S L T C F R E O Q U E
O N R T L P A S T N O M B P
R O U D O R C O D M M E N T
I A V C E P L E A I S I R E
Z A S S E R Y T T E I N T E
O R M E D O O I A T E P U R
C H A S R E D R I L L S W O
R D S K L A C O J A M O N D
U I T A P O R T E R A D O P
T E D B Y S O C I E T E L C
```

B) Coloque esas palabras bajo los dibujos correspondientes.

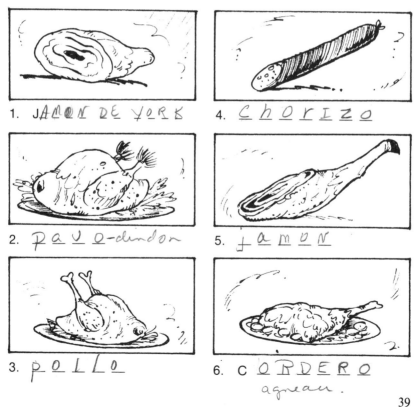

1. JAMON DE YORK

4. c h o r i z o

2. p a v o - dindon

5. j a m o n

3. p o l l o

6. c o r d e r o
   agneau.

39

HOTEL CON RATAS

sostener

Julia Márquez sale de la estación de autobuses. Lleva al 1
hombro un bolso de cuero, y en una mano sostiene una maleta
de tamaño mediano. Julia es delgada, alta y morena. Tiene
unos treinta y cinco años y trabaja para un laboratorio farmacéutico; es jefe de ventas. 5

Julia deja su maleta en el suelo y consulta un pequeño
mapa. Un señor de aspecto respetable pasa a su lado.

—Oiga, ¿el hotel Excelsior está cerca de aquí? —pregunta
Julia. *por favor*

—¿El Excelsior? ¿Va usted al hotel Excelsior? 10

—Sí, sí.

—No es un buen hotel.

—¿Ah, no?

—Es caro, y el servicio, malo. Las habitaciones son pequeñas y oscuras. El ascensor no funciona casi nunca, y hay ratas. 15
El hotel Olimpia sí es bueno.

—¿Conoce usted bien el hotel Olimpia?

—¡Claro, soy el dueño!

hombro - épaule
tamaño - taille
mediano - moyenne

1. Complete con la palabra adecuada de la historia

1. Este *bolso* es de nailon (2).
2. Una *maleta* pesada (2). *pesante*
3. Un paquete de gran *tamaño* (3).
4. ¿Quién es el *jefe* de la oficina? (5).
5. Hoy el cielo no tiene buen *aspecto* (7).
6. Esta nevera *funciona* muy bien (15).

→ España
refrigerador
heladera in Sudamérica

41

2. Busque los antónimos de

1. Entra en.
   pale cle (1).
2. Gruesa. → *grosse*
   delgada (3).
3. Lejos.
   cerca (8).
4. Barato.
   caro (14).
5. Claras.
   oscuras (15).
6. Siempre.
   nunca (15).

3. Lea a su compañero

A) Julia Márquez sa▶ de la estación de autobuses. Lleva al hombro un bolso de cuero, y en una ma▶ sostiene una maleta de tamaño mediano. Julia es delgada, al▶ y morena. Tiene u▶ treinta y cinco a▶ y trabaja pa▶ un laboratorio farmacéutico; es jefe de ventas. Julia de▶ su maleta en el suelo y consulta un pequeño ma▶. Un se▶ de aspecto respetable pa▶ a su lado. «Oiga, ¿el hotel Excelsior está cerca de a▶?», pregunta Julia.

B) «¿El Excelsior? ¿V▶ usted al hotel Excelsior?» «Sí, sí.» «No e▶ un buen hotel.» «¿Ah, no?» «Es ca▶, y el servicio, malo. Las ha▶ son pequeñas y oscuras. El as▶ no funciona casi nunca, y h▶ ratas. El hotel Olimpia sí es bueno.» «¿Conoce usted b▶ el hotel Olimpia?» «¡Claro, s▶ el dueño!»

4. Diálogos

a) Lea con su compañero:

A) —¿*Dón*▶ *está* el hotel Fénix, *por favor*?
B) —No está lejos de a▶.
A) —¿Lo co▶ usted?
B) —Sí, vivo allí.
A) —¿Cómo es?
B) —Muy bue▶. Y no es ca▶.

b) Hagan dos diálogos parecidos.

5. Complete adecuadamente cada frase

casi, en, a, unos, de, para

1. La tienda está en/a la espalda del edificio.
2. Unos veinte años.
3. Trabaja para un abogado.
4. Deja el libro en la mesa.
5. Una iglesia de estilo clásico.
6. Casi siempre.

6. Pasatiempo

A) Forme nuevas palabras colocando la terminación correcta:

-dor -ones -io -de -irven -idad

a) MEDIANO
   MEDio

b) VENTAS
   VENde

c) SERVICIO
   Sirven

d) TRABAJA
   TRABAJAdor

e) OSCURAS
   OSCURidad

f) RATAS
   RATones

B) Coloque adecuadamente las nuevas palabras:

1. ¿Le sirven ya, señora?
2. No me gusta la oscuridad
3. Hay un árbol en medio de la plaza.
4. Mi amigo vende libros.
5. ¿Te dan miedo los ratones?
6. Es un chico muy trabajador

PRIMER PREMIO

La mujer está sola en casa. Viste una bata de casa y está 1
sentada en un sofá del cuarto de estar. Entra un sol fuerte por
los cristales de la terraza. El sol le da sobre las piernas, mientras lee el periódico de la mañana. De pronto suena el timbre
del teléfono. Al otro lado de la línea dice una voz excitada de 5
hombre:

—Oye, Olga, soy yo. ¡Mañana nos vamos de vacaciones a
Jamaica!

—¿Cómo?

—Como lo oyes. Ya tengo los pasajes. ¡Nuestro viaje so- 10
ñado! Tengo el primer premio de las quinielas. ¡Doscientos
millones de pesetas!

—¡Pero eso es increíble!

—Te voy a comprar aquel anillo de diamantes y un abrigo
de visón. ¿Estás contenta? 15

—Estoy encantada, cariño. Pero hay un problema.

—¿Cuál?

—Que yo no soy Olga. Soy Marisa, tu esposa.

44

NOTAS

1 Complete con la palabra adecuada de la historia

1. El cantante _viste_ camisa y pantalón de seda (1).
2. De _pronto_ la mujer se levanta del sofá (4).
3. Vivo al otro _lado_ del río (5).
4. ¿Me vas a _comprar_ un regalo? (14).
5. ¿Qué _hay_, amigo? (16).

2. **Busque en la historia las palabras de la misma familia**

   1. Entrada.
      entra (2).
   2. Lectura.
      lee (4).
   3. Sonido.
      suena (4).

   4. Sueño.
      soñado (10-11).
   5. Compra.
      comprar (14).
   6. Encanto.
      encantada (16).

3. **Lea a su compañero**

   A) La mujer está so▶ en casa. Viste una ba▶ de casa y está sen▶ en un sofá del cuarto de es▶. Entra un sol fuer▶ por los cristales de la terraza. El sol l▶ da sobre las pier▶, mientras lee el pe▶ de la mañana. De pronto suena el tim▶ del teléfono. Al otro lado de la lí▶, dice una v▶ excitada de hombre: «Oye, Olga, s▶ yo. ¡Mañana n▶ vamos de vacaciones a Jamaica!»

   B) «¿Cómo?» «Como l▶ oyes. Ya ten▶ los pasajes. ¡Nuestro via▶ soñado! Tengo el pri▶ premio de las quinielas. ¡Dos▶ millones de pesetas!» «¡Pero es in▶!». «Te v▶ a comprar aquel anillo de diamantes y un a▶ de visón. ¿Estás con▶?». «Estoy encantada, cariño. Pe▶ hay un problema.» «¿Cuál?» «Que yo no s▶ Olga. S▶ Marisa, tu es▶.»

4. **Diálogos**

   a) Lea a su compañero:

      A) —¿Nos va▶ de vacaciones a Acapulco?
      B) —¿Có▶?
      A) —¡Ten▶ el primer premio de las quinielas!
      B) —¡Pero e▶ es increíble!
      A) —¿Quieres un abrigo de visón?
      B) —¡Sí, y un a▶ de diamantes!

   b) Hagan dos diálogos parecidos.

5. **Complete adecuadamente cada frase**

   > a, mientras, está, por, lo

   1. El periódico no pasa *por* debajo de la puerta.
   2. Canta *mientras* trabaja.
   3. ¿*lo* ves?
   4. Vamos *a* vender la casa.
   5. *Está* descontenta.

46

6. Pasatiempo didáctico

A) Escriba estas palabras al derecho:

1. ANICOC
   C O C I N A
2. OÑAB
   B A Ñ O
3. OIDUTSE
   E S T U D I O
4. AZARRET
   T E R R A Z A
5. OLUBÍTSEV
   V E S T I B U L O
6. RODEMOC
   C O M E D O R
7. OLLISAP
   P A S I L L O
8. RATSE ED OTRAUC
   C U A R T O D E
   E S T A R

B) Coloque cada una de las palabras anteriores en el lugar correspondiente.

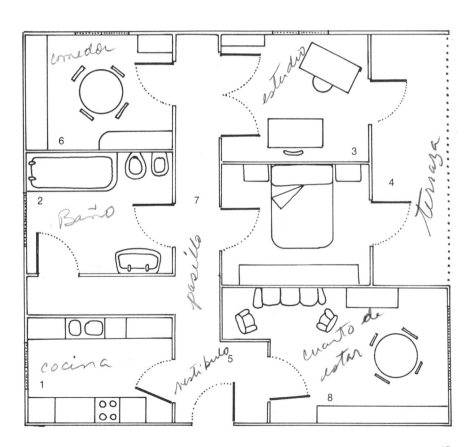

DURA VICTORIA

—Come ese pescado, hija. 1

—No.

El padre corta un trozo pequeño y se lo ofrece cariñosamente a la niña, pero Nati se niega una vez más.

—Bien —dice la madre—, te vas a la cama sin cenar. 5

Nati da un salto de alegría y corre hacia su cuarto. «A esta niña hay que educarla», dice la madre al padre mientras ambos se meten en la cama. La casa está ya a oscuras; todos duermen. Pasan las horas. De pronto se rompe la paz de la noche: «¡Quiero el pescado!» El grito se oye varias veces, hasta que el padre se levanta, se lleva a la niña a la cocina y pone 10
ante ella un plato de pescado frito. Nati se lo come todo con mucho gusto. Poco después está ya durmiendo en su habitación. Pero los padres no pueden dormirse y son ya las cuatro de la mañana. «¿Victoria?», se pregunta el padre. 15

trozo - morceau

ambos - les deux

hacia - vers. = savoir

---

1. Una con una línea las frases con relación entre sí

El padre de Nati tiene paciencia.   La casa está a oscuras.
La madre pierde la paciencia.   ¡Quiero el pescado!
Las luces están apagadas.   «¿Victoria?»
Nati tiene hambre.   Te vas a la cama sin cenar.
El padre tiene dudas.   Ofrece cariñosamente un trozo de pescado a Nati.

2. Busque en la historia las palabras de la misma familia

1. Cena.
   cenar (5).
2. Saltar.
   salto (6).
3. Oscuridad.
   oscuras (8).

4. Cocinar.
   cocina (11).
5. Freír.
   frito (12).
6. Gustar.
   gusto (13).

3. Lea a su compañero

A) «Come ese pescado, hija.» «No.» El pa▶ corta un trozo pequeño y s▶
lo ofrece cariñosamente a la ni▶, pero Nati se niega u▶ vez más.
«Bien», dice la ma▶, «t▶ vas a la ca▶ sin cenar.» Nati d▶ un salto de
alegría y co▶ hacia su cuarto. «A esta niña h▶ que educarla», dice la
madre al padre mientras ambos se me▶ en la cama. La casa es▶ ya a
oscuras; todos duer▶. Pasan las ho▶.

B) De pronto s▶ rompe la paz de la no▶: «¡Quie▶ el pescado!» El grito
se o▶ varias veces, hasta que el padre se le▶, s▶ lleva la niña a la
cocina y po▶ ante ella un pla▶ de pescado frito. Nati se l▶ come
todo con mu▶ gusto. Poco des▶ ésta ya dur▶ en su habitación. Pe▶
los padres no pueden dor▶ y son y▶ las cuatro de la mañana. «¿Victoria?», se pre▶ el padre.

4. Diálogos

a) Lea con su compañero:

A) —Co▶ ese pescado, niña.
B) —_No_ quiero.
A) —Este tro▶ nada más.
B) —_No_ me gusta.
A) —Pues te vas a la cama s▶ cenar.
B) —¡Qué alegría!

b) Hagan dos diálogos parecidos.

5. Complete adecuadamente cada frase

> _mucho, que, me, descansando, con, sin_

1. _Me_ lo pide.
2. _Sin_ dormir.
3. Hay _que_ terminar temprano.

4. _con_ mucho interés.
5. _mucho_ después.
6. Están _descansando_

50

6. Pasatiempo

A) Marque en la sopa de letras ocho nombres de familia.

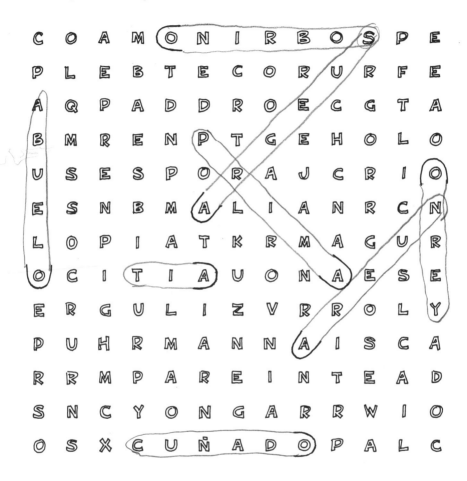

C	O	A	M	O	N	I	R	B	O	S	P	E
P	L	E	B	T	E	C	O	R	U	R	F	E
A	Q	P	A	D	D	R	O	E	C	G	T	A
B	M	R	E	N	P	T	G	E	H	O	L	O
U	S	E	S	P	O	R	A	J	C	R	I	O
E	S	N	B	M	A	L	I	A	N	R	C	N
L	O	P	I	A	T	K	R	M	A	G	U	R
O	C	I	T	I	A	U	O	N	A	E	S	E
E	R	G	U	L	I	Z	V	R	R	O	L	Y
P	U	H	R	M	A	N	N	A	I	S	C	A
R	R	M	P	A	R	E	I	N	T	E	A	D
S	N	C	Y	O	N	G	A	R	R	W	I	O
O	S	X	C	U	Ñ	A	D	O	P	A	L	C

B) Complete adecuadamente con las palabras anteriores.

1. El hijo de mi hermana es mi <u>S o b r i n o</u>
2. El padre de mi madre es mi <u>a b u e l o</u>
3. El marido de mi hija es mi <u>y e r n o</u>
4. El hermano de mi mujer es mi <u>c u ñ a d o</u>
5. La madre de mi mujer es mi <u>s u e g r a</u>
6. La mujer de mi hijo es mi <u>n u e r a</u>
7. La hermana de mi madre es mi <u>t i a</u>
8. La hija de mi <u>t i a</u> es mi <u>p r i m a</u>

51

Tienda de recuerdos

Desde hace un año, Mónica tiene una tienda de recuerdos.   1
Vende artículos muy variados: sombreros, zapatillas, bolsos,
llaveros, ceniceros, postales, etc. Esta tienda está cerca de la
playa de Torremolinos y, a su alrededor, hay hoteles, restaurantes y agencias de viajes. Está, pues, en un sitio turístico.   5

Esta mañana, cuando abre la tienda, Mónica recibe la visita de Pilar, una antigua amiga.

—¿Cómo te va el negocio, Mónica?

—Muy bien; trabajo muchas horas, sobre todo en verano,
pero me compensa.   10

Pilar señala unos letreros pegados en la puerta de cristales:
MAN SPRICHT DEUTSCH, ON PARLE FRANCAIS, ENGLISCH
SPOKEN.

—Están por todas partes en Torremolinos. ¿Qué signi-
fican?   15

—¡Ah, no sé, pero atraen muchos turistas!

Desde cuando
desde hace

Llaveros - porta clips.
ceniceros — cendrier.

1. **Complete con palabras de la historia**

1. Mónica vende *artículos muy variados* (2).
2. Alrededor de la *tienda hay hoteles* (3-4).
3. Pilar es *una amiga antigua* de *Mónica* (7-8).
4. Me compensa, aunque *trabajo muchas horas* (9).
5. Los letreros están por *todas partes* y *atraen* muchos *turistas* (14-16).

53

2. Complete con la palabra adecuada de la historia

1. El hotel está ..*cerca*... de su tienda (3).
2. Colecciona *llaveros*, *ceniceros* y *postales* (3).
3. Es un *sitio*.... muy agradable (5).
4. Aquí no hace calor en *verano*... (9).
5. ¿Qué *significa* esas palabras? (14-15).

3. Lea a su compañero

A) Desde hace un año, Mónica tiene una tien▶ de recuerdos. Ven▶ artículos muy variados: som▶, zapatillas, bolsos, lla▶, ceniceros, postales, etc. Es▶ tienda es▶ cerca de la playa de Torremolinos y, a su al▶, hay hoteles, restaurantes y agencias de via▶. Es▶, pues, en un sitio turístico. Esta ma▶, cuando abre la tienda, Mónica re▶ la visita de Pilar, una antigua a▶.

B) «¿Cómo te va el ne▶, Mónica?» «Muy bien; tra▶ muchas horas, sobre todo en verano, pe▶ me compensa.» Pilar señala unos le▶ pegados en la puerta de cristales: DEUTSCHE SPRECHEN, ON PARLE FRANCAIS, ENGLISH SPOKEN. «Están por to▶ partes en Torremolinos. ¿Qué sig▶?» «¡Ah, no s▶, pero atraen mu▶ turistas!»

4. Diálogos

a) Lea con su compañero:

A) —*¿A qué te dedicas?*
B) —Tengo una tienda.
A) —¿De qué?
B) —Una tienda de re▶.
A) —*¿Y co▶ te va?*
B) —Muy b▶, sobre to▶ en verano.

b) Hagan dos diálogos parecidos.

5. Complete adecuadamente cada frase

en, por, está, le, de

1. Correos *está*. en el centro.
2. El río Genil pasa *por* Granada.
3. ¡Hola amigo! ¿Cómo *le* va? (te)
4. Un banco *de* madera.
5. *En* invierno hace mucho frío aquí.

6. Pasatiempo

-ería,	-icería,	-ía,	-adería,	-co.

A) Coloque adecuadamente estas terminaciones para formar ocho nombres de tiendas.

B) Una, por medio de líneas, cada tienda con el artículo correspondiente.

ARTÍCULOS   TIENDAS

①

②

③

④

⑤

⑥

⑦

⑧

④ FARMAC _I A_

⑤ FRUT _e r i a_

③ ESTAN _c o_   Regié de tabac

② PERFUM _e r i a_

⑧ CARN _i c e r i a_

⑦ PESCAD _e r i a_

⑥ PAN _a d e r i a_

① PASTEL _e r i a_
   masiteric

BUSCO EMPLEO

En la oficina de empleo, un hombre de unos cincuenta 1
años se acerca a una ventanilla. Este hombre es algo grueso,
lleva el pelo largo y tiene aire de poeta. Desde el otro lado de
la ventanilla, un empleado le pregunta:

—¿Le interesa lavar autobuses? Son diez horas de trabajo 5
al día, pero puede ganar mucho dinero.

—No, gracias, no quiero trabajos duros.

—Pues tenemos una plaza de acomodador de cine. Son
sólo cuatro horas al día, pero el sueldo es muy bajo.

—No, no me va. Yo deseo un empleo con sueldo alto y 10
poco trabajo.

—De esos empleos hay muy pocos, amigo.

—Lo sé, yo busco uno desde hace treinta años.

—¿Y piensa seguir?

—Sí, sí, hasta la edad de la jubilación. 15

NOTAS

1. Diga lo mismo con palabras de la historia

1. Un hombre de cincuenta años aproximadamente.
   Un hombre de unos cincuenta años (1-2).

2. Pagan mucho.
   Puede ganar mucho dinero (6).

3. No me interesan los trabajos fuertes.
   No quiero trabajos duros (7).

4. Pagan poco.
   El sueldo es muy bajo (9).

5. No hay muchos empleos así.
   De esos empleos hay muy pocos (12).

2. Complete con la palabra adecuada de la historia

1. El paro y el .*empleo*.... (1).
2. Tengo grasa, estoy .*gruesa*.. (2).
3. Entra .*aire*... fresco por la ventana (3).
4. No tiene *amiga*..s ni enemigos (12).
5. La niña tiene dos ..*años*. y dos meses (13).

3. Lea a su compañero

A) En la oficina de em▶, un hombre de unos cin▶ años se acerca a una ven▶. Este hombre es algo grueso. Lleva el pe▶ largo y tiene aire de poeta. Des▶ el otro lado de la ventanilla, un empleado le pre▶: «¿L▶ interesa lavar autobuses? Son diez horas de tra▶ al día, pero pue▶ ganar mucho dinero.» «No, gracias, no quie▶ trabajos duros.»

B) «Pues te▶ una plaza de acomodador de ci▶. S▶ sólo cuatro horas al día, pe▶ el sueldo es muy bajo.» «No, no m▶ va. Yo de▶ un empleo con sueldo al▶ y poco trabajo.» «De e▶ empleos hay muy po▶, amigo.» L▶ sé, yo busco uno desde ha▶ treinta años.» «¿Y pien▶ seguir?» «Sí, sí, has▶ la edad de la jubilación.»

4. Diálogos

a) Lea con su compañero:

A) —¿Qu▶ *sabe usted hacer?*
B) —*Sé* conducir una motocicleta.
A) —Muy bien. ¿Le in▶ trabajar de mensajero?
B) —¿Cuál es el suel▶?
A) —Cuarenta mil pesetas a la semana por cuarenta ho▶ de trabajo.
B) —De acuerdo.

b) Hagan dos diálogos parecidos.

5. Complete adecuadamente cada frase

lo, unos, viajar, a, algo, desde

1. Hay *unos* veinte alumnos en la clase.
2. El precio es *algo*: alto.
3. Gana cincuenta mil pesetas *a* la semana.
4. «¿De verdad?» «No, no ..*lo* creo.»
5. ¿Piensas ....*viajar*.... este verano?

6. Pasatiempo

-endero,	-ero,	-ico,	-il,	-ista.

A) Coloque adecuadamente estas terminaciones para formar los nombres de ocho oficios.

B) Una, por medio de líneas, cada oficio con el dibujo correspondiente.

OFICIOS

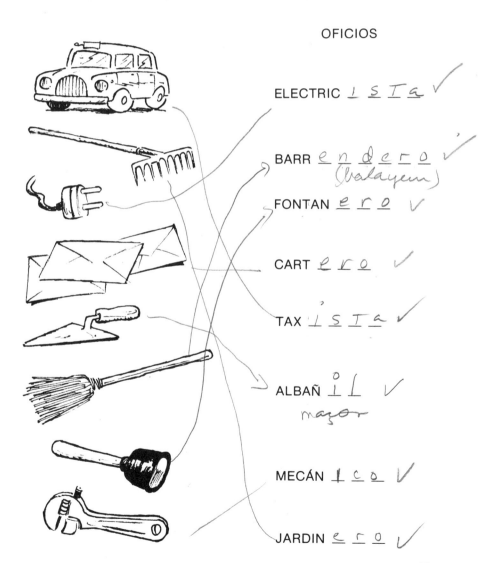

ELECTRIC _I_ _S_ _T_ _a_ ✓

BARR _e_ _n_ _d_ _e_ _r_ _o_ ✓
(balayeur)

FONTAN _e_ _r_ _o_ ✓

CART _e_ _r_ _o_ ✓

TAX _I_ _S_ _T_ _a_ ✓

ALBAÑ _I_ _L_ ✓
maçon

MECÁN _I_ _c_ _o_ ✓

JARDIN _e_ _r_ _o_ ✓

59

SERVICIO EXTRA

Valentín mira las fotos de unas cincuenta mujeres. De cada una hay por lo menos dos fotos más una ficha con datos personales. Ya ve la última de las fotos y da un suspiro. Valentín es soltero, de cuarenta y dos años, y desea casarse. [1]

—¿Le gusta alguna? —le pregunta la directora de la agencia matrimonial. [5]

—Las veo a todas algo mayores.

—Bueno, las tenemos más jóvenes, desde luego, pero...

—Todas éstas son de treinta a cuarenta años, pero a mí me gustan mucho más las de veinte a treinta. [10]

—¿Por qué no usa usted peluca?

Valentín se toca la cabeza, totalmente calva.

—Pues es una idea...

—Nosotros tenemos un servicio de pelo postizo. Por cincuenta mil pesetas le quitamos diez años de edad. [15]

—¿Se puede pagar a plazos?

—Sí, sí, desde luego.

—¡Muy bien, adelante!

NOTAS

1. **Diga la verdad con palabras de la historia**

   1. Valentín desea divorciarse.
      No, *desea* *casarse* (4). ✓
   2. La agencia sólo tiene mujeres de treinta a cuarenta años.
      No, también *las* tiene *más jóvenes* (8). ✓
   3. Valentín tiene mucho pelo.
      No, tiene *la cabeza* *Totalmente calva* (12). ✓
   4. Valentín tiene que pagar al contado.
      No, *puede* *pagar a plazos* (16). ✓

2. **Busque los adjetivos referidos a los siguientes nombres**

1. Datos.
   ...personales... (2-3).
2. Valentín.
   ...soltero... (4).
3. Agencia.
   ...matrimonial... (6).

4. Mujeres.
   ...mayores... (7).
5. Cabeza.
   ...calva... (12).
6. Pelo.
   ...postizo... (14).

3. **Lea a su compañero**

A) Valentín mi▶ las fotos de unas cincuenta mujeres. De ca▶ una hay por lo m▶ dos fotos más una ficha con datos personales. Ya v▶ la última de las fotos y d▶ un suspiro. Valentín es sol▶, de cuarenta y dos años y desea ca▶. «¿Le gusta al▶?», le pre▶ la directora de la agencia matrimonial. «Las v▶ a todas algo ma▶.» «Bueno, l▶ tenemos más jóvenes, desde luego, pero...» «Todas es▶ son de treinta a cuarenta años, pero a m▶ m▶ gustan mucho más las de veinte a treinta.»

B) «¿Por qué no u▶ usted peluca?» Valentín se toca la cabeza, totalmente calva. «Pues es una i▶...» «Nosotros te▶ un servicio de pelo postizo. P▶ cincuenta mil pesetas le qui▶ diez años de edad.» «¿Se pue▶ pagar a plazos?» «Sí, sí, desde luego.» «¡Muy bien, a▶!»

4. **Diálogos**

a) Lea con su compañero:

A) —¿*Le gusta al*▶ de estos hombres?
B) —*Son al*▶ jóvenes.
A) —¿De qué edad le gustan más?
B) —De treinta a cuarenta.
A) —Te▶ muchos. ¿*L*▶ *quiere* morenos o rubios?
B) —Me es igual.

b) Hagan dos diálogos parecidos.

5. **Complete adecuadamente cada frase**

> *irse, os, de, cada, unos, algo*

1. Tiene ...unos... cuarenta años.
2. Deme dos copias de ...cada... hoja.
3. Quiere ...irse...

4. ...Os... veo después.
5. Los tomates están ...algo... verdes.
6. Los ...de... color naranja son más caros.

62

6. Pasatiempo

A) Marque en la sopa de letras seis palabras parecidas.

casarse
suspiro
mayores
pelo
jóvenes
pagar

B) Coloque adecuadamente las palabras encontradas.

1. La _mayoría_ de la gente ve la TV.
2. ¿Por qué _suspiras_ tanto?
3. Tiene que ir a la _peluquería_
4. ¿Está _casado_ con una prima suya?
5. Los años de la _juventud_
6. Tengo que hacer muchos _pagos_ este mes.

paiements

63

OTRA SECRETARIA

Don Tomás Blanco es director de una clínica privada. La   1
clínica es grande y, por tanto, tiene muchos empleados: médicos, enfermeras y enfermos, oficinistas, etc. Don Tomás tiene
mucho trabajo y responsabilidades, pero tiene una buena secretaria. Ésta, Asun, es una chica activa y lista y hace muy   5
bien su trabajo. Es morena y lleva siempre el pelo muy largo y
liso. Viste con elegancia y sonríe todo el tiempo.

Como todos los días, don Tomás llega hoy a la clínica a las
nueve menos cinco de la mañana. A las nueve en punto abre la
puerta del despacho de Asun. Sorpresa. Aquélla no está, y, en   10
su lugar, hay una desconocida. Ésta es una mujer rubia, con el
pelo corto y rizado.

—¿Quién es usted? —pregunta don Tomás.

—¡Soy Asun, jefe, con cambio de imagen!

1. Complete con palabras de la historia

1. En la *clínica* hay *muchos* *empleados* (2). ✓
2. Don Tomás *tiene* *mucho* *trabajo*o (3-4). ✓
3. Asun es *activa* y *lista*. (5). ✓
4. Asun *lleva* siempre *el* *pelo* *muy* largo (6). ✓
5. La *mujer* desconocida es *rubia* (11). ✓

2. Busque los antónimos de

1. Pequeña.
   grande (2). ✓
2. Pocos.
   muchos (2). ✓
3. Noches.
   días (8). ✓
4. Más.
   menos (9). ✓
5. Cierra.
   abre (9). ✓
6. Conocida.
   desconocida (11). ✓

3. Lea a su compañero

A) Don Tomás Blanco es director de una clínica privada. La clínica es
gran▶ y, por lo tanto, tie▶ muchos empleados: mé▶, enfermeras y
enfermos, oficinistas, etc. Don Tomás tiene mu▶ trabajo y responsabilidades, pero tiene una bue▶ secretaria. Ésta, Asun, es una chi▶ activa y lista y ha▶ muy bien su trabajo. Es morena y lleva siem▶ el pelo
muy largo y liso. Viste con elegancia y sonríe to▶ el tiempo.

B) Como todos los d▶, don Tomás llega h▶ a la clínica a las nue▶
menos cin▶ de la mañana. A las nueve en punto abre la puer▶ del
despacho de Asun. Sorpresa. Aquélla no es▶ y, en su lugar, h▶ una
desconocida. Ésta es una mu▶ rubia, con el pelo corto y rizado. «¿Q▶
es usted», pregunta don Tomás. «¡S▶ Asun, jefe, con cambio de imagen!»

4. Diálogos

a) Lea con su compañero:

A) —¿*Quién es* usted?
B) —Soy Asun.
A) —¡*Pero* Asun es mo▶!
B) —*No*, ahora *es* ru▶.
A) —Asun *tiene* el pe▶ largo.
B) —Ahora lo *tiene* cor▶. ¿Le gusta?

b) Hagan dos diálogos parecidos.

5. Complete adecuadamente cada frase

> *elegante, las, mucho, del, de, como*

Francisco

José

1. Un empleado ..*de*.. un garaje. ✓
2. ..*Mucho*... tiempo. ✓
3. Un hombre *elegante*... ✓
4. Paco, ..*como*.. Pepe, es poeta. ✓
5. ..*Las*.. ocho de la mañana. ✓
6. El director ..*del*.. banco. ✓

6. Pasatiempo

| -o ✓ | -eo ✓ | -ante ✓ | -ar | -ador ✓ |
| -idad ✓ | -ina ✓ | -a ✓ | -edad ✓ |

A) Forme nuevas palabras colocando la terminación adecuada.

a) ENFERMEROS
   EMFERM *edad* ✓ (maladie)

b) OFICINISTA
   OFICIN *a* ✓

c) MÉDICOS
   MEDIC *ina* ✓
   MÉDIC *o*

d) EMPLEADOS
   EMPL *eo* ✓
   EMPLE *ar* ✓

e) TRABAJO
   TRABAJ *ar* ✓

f) ACTIVO.
   ACTIV *idad* ✓

g) ELEGANCIA
   ELEG *ante* ✓

h) RIZADO
   RIZ *ador* ✓

B) Coloque adecuadamente las palabras anteriores.

1. He sufrido una larga *enfermedad* ✓
2. ¿A quién van a *emplear*... en esa oficina? ✓
3. A nadie le gusta *trabajar*...... sin sueldo. ✓
4. Es una mujer muy *elegante*... ✓
5. Para curarte debes tomar la ...*medicina*... ✓
6. Trabajo en la ...*oficina*..... de administración. ✓
7. Se lo ha prohibido el ...*medico* ✓
8. ¿Te has quedado sin ...*empleo*...? ✓
9. Desarrolla una gran *actividad* ✓

duranter

SUEÑO

Este cine de barrio está casi lleno esta tarde. La película es
de «suspenso». Cada vez aparece un nuevo misterio. Todo el
público sigue la historia con la máxima atención, excepto un
hombre. Éste está sentado en un rincón lejano del cine y duerme, pero de vez en cuando se despierta un instante. Esto es
por el ruido de las escenas. Hay muchos puñetazos, botellazos,
disparos y persecuciones de coches.

Ahora el ruido es formidable: un avión combate contra
otro; una bomba cae sobre una refinería de petróleo y la pantalla se llena de humo y llamas. El hombre del rincón está
completamente despierto y dice de mal humor: «¡No se puede
dormir en películas de tanta acción!»

1

5

10

NOTAS

puñetazos — coup de poing
botellazos — coup de bouteilles
disparos — coup de feu
persecuciones de coches — car chasses
caer — tomber
pantalla — écran
humo — fumée
llamas — flammes

1. Complete con palabras de la historia

1. En *este cine* ponen una nueva *película* esta *tarde* (1). ✓
2. Un hombre duerme *en un rincón* (4). ✓
3. *De vez en cuando* el hombre *se despierta* (5). ✓
4. La pantalla *se llena* de humo (10). ✓
5. El hombre no puede *dormir en tanta de acción* (12). ✓

2. Busque los antónimos de

1. Vacío.
   ...lleno... (1).

2. Viejo.
   ...nuevo... (2).

3. Mínima.
   ...máxima... (3).

4. Cercano.
   ...lejano... (4).

5. Se duerme.
   ...se despierta... (5).

6. Dormido.
   ...despierto... (11).

3. Lea a su compañero

A) Este cine de barrio es▶ casi lleno esta tarde. La pe▶ es de «suspense». Cada v▶ aparece un nuevo misterio. To▶ el público sigue la historia con la máxima a▶, excepto un hombre. Éste está sen▶ en un rincón lejano del cine y duer▶, pero de vez en cuando se des▶ un instante.

B) Esto es por el rui▶ de las escenas. H▶ muchos puñetazos, botellazos, disparos y persecuciones de co▶. Ahora el ruido e▶ formidable: un avión combate contra o▶; una bomba cae so▶ una refinería de petróleo y la pantalla se lle▶ de humo y llamas. El hom▶ del rincón es▶ completamente despierto y di▶ de mal humor: «¡No se puede dor▶ en películas de tanta acción!»

4. Diálogos

a) Lea con su compañero:

A) —¿*Le gusta* la película?
B) —¿*Cómo dice?*
A) —¿*L*▶ *gusta* la película?
B) —No.
A) —¿*Por qu*▶?
B) —Tiene demasiado rui▶.

b) Hagan dos diálogos parecidos.

5. Complete adecuadamente cada frase

> *con, de, casi, cada, por, se*

1. El niño está ...casi... dormido.
2. ...Cada... día hay más tráfico.
3. Escuchan ...con... interés.
4. ...Se... despierta temprano.
5. La música ...de... la radio.
6. Tienes sueño; eso es ...por... ver tanta tele.

6. Pasatiempo

A) Marque en la sopa de letras cinco palabras parecidas a éstas:

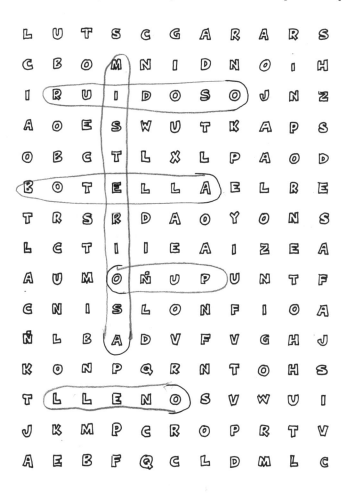

puñetazo
botellazo
ruido
misterio
llena

B) Complete adecuadamente con las nuevas palabras:

1. Un puñetazo es un golpe dado con el .....puño..
2. Un botellazo es un golpe dado con una ...botella..
3. Un coche muy ...ruidoso..
4. El cine está ....lleno.. de gente.
5. Una frase ...misteriosa.............

71

¿Y POR QUÉ NO?

Desde hace varios meses, Anselmo se despierta con fre-   1
cuencia a altas horas de la noche, y ya no puede dormirse otra
vez. En otras ocasiones, inexplicablemente, se echa a llorar, o
a reír. Por fin Anselmo consulta a una doctora. Ésta le manda
unos análisis y unas radiografías, y le hace muchas preguntas   5
sobre sus gustos y hábitos. Finalmente, la doctora dice a su
paciente:

—Mire, don Anselmo, yo no le veo ningún mal. Su problema es de otro género. Usted necesita una mujer.

—¿Ah, sí? ¿Y de qué tipo?   10

—Una mujer culta, de carrera, con un buen sueldo, de
unos treinta y cinco años, morena, de ojos grandes, con un
hoyito en la barbilla y con un lunar en la mejilla izquierda...

—Pero..., ¡pero ésa es usted!

—¿Y por qué no?   15

NOTAS

[handwritten notes:]

culta – cultivé
hoyito – petit creux – fossette
barbilla – bout du menton
lunar – grain de beauté
mejilla – joue, pommette

1. Confirme estas afirmaciones con palabras de la historia

1. A veces Anselmo duerme mal.
   Sí, *se despierta con frecuencia* (1-2).
2. En ocasiones se siente triste.
   Sí, *se echa a llorar* (3).
3. La doctora se interesa mucho por su vida.
   Sí, *le* pregunta *sobre sus gustos* (5-6).
4. Según la doctora, Anselmo tiene un problema.
   Sí, *necesita una mujer* (9).
5. La doctora le habla de una mujer.
   Sí, de una mujer *morena*, de *ojos grandes* (12).

73

2. Busque los sinónimos de

1. Algunos.
   varios (1).
2. A menudo. *souvent*
   con frecuencia (1-2).
3. De nuevo.
   otra vez. (2-3).
4. Pregunta.
   manda (4).
5. Costumbres.
   hábitos (6).
6. Encuentro.
   veo (8).

3. Lea a su compañero

A) Desde ha▶ varios meses, Anselmo se despierta con fre▶ a altas horas de la no▶, y ya no pue▶ dormirse otra vez. En o▶ ocasiones, inexplicablemente, se e▶ a llorar, o a reír. Por f▶ Anselmo consulta a una doctora. Ésta l▶ manda unos análisis y unas radiografías, y le h▶ muchas preguntas sobre sus gus▶ y hábitos. Finalmente, la doctora di▶ a su paciente:

B) «Mire, don Anselmo, yo no l▶ veo ningún mal. S▶ problema es de otro género. Usted ne▶ una mujer.» «¿Ah, sí? ¿Y de qu▶ tipo?» «Una mujer culta, de carrera, c▶ un buen sueldo, d▶ unos treinta y cinco años, morena, de o▶ grandes, con un hoyito en la bar▶ y con un lunar en la mejilla iz▶...» «Pero..., ¡pero é▶ es usted!» «¿Y p▶ qué no?»

4. Diálogos

a) Lea con su compañero:

A) —¿*Cómo* estoy, doctor?
B) —Muy bien.
A) —¿De verdad?
B) —*Sí*, usted sólo ne▶ comer menos.
A) —¡Ay, a mí me gusta mucho comer!
B) —¡Sí, y a mí también!

b) Hagan dos diálogos parecidos.

5. Complete adecuadamente cada frase

> *ninguna, abogado, reír, unos, sobre, raza*

1. ¿Por qué te echas a *reír*....?
2. Voy a consultar a un *abogado*......
3. Escribe *sobre*... costumbres antiguas.
4. No me das *ninguna* idea.
5. ¿De qué *raza*... es tu perro?
6. Vive a *unos*.. diez kilómetros de aquí.

6. Pasatiempo

A) Empareje las palabras de la misma familia.

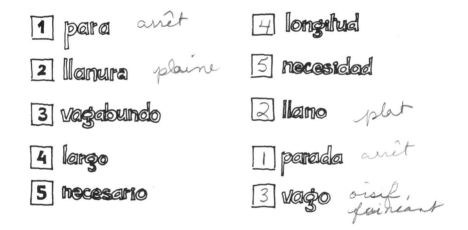

B) Complete con la palabra adecuada de la columna derecha.

1. Un hombre muy *vago*.
2. La *parada* del autobús.
3. Un camino *llano*....
4. Cinco metros de *longitud*
5. Fumar no es una *necesidad*...

La fuerza de la costumbre

El sol se pone ya cuando un tren se para en la estación de   1
un pequeño pueblo, en medio de la llanura. De un vagón de
mercancías se baja un vagabundo, con un bulto a la espalda.
Es un hombre de unos cuarenta y cinco años, de pelo largo y
rojo, como la barba. El vagabundo deja su bulto en el suelo y   5
se mete en el bar de la estación. Allí pide una lata de sardinas
en aceite, una barra de pan, dos tomates y una botella de vino.
Después de pagar, pregunta al dueño:

—Oiga, ¿hay por aquí algún puente?

—Sí, a unos quinientos metros. Pero, ¿para qué quiere us-   10
ted un puente, amigo?

—Para pasar la noche.

—Hombre, no es necesario. Aquí en la estación tiene usted
varios rincones buenos, calientes y bajo techo.

—No, muchas gracias, señor, yo sólo sé dormir bajo un   15
puente.

NOTAS

llanura — Plaine
bulto — paquet colis
espalda — par derrière
lata — boîte de fer-blanc
aceite — huile

1. Complete con palabras de la historia

1. El pueblo está *en medio de la llanura* (2). ✓
2. El vagabundo tiene el *pelo rojo* (4-5). *largo* ✓
3. El vagabundo compra *pan*, *tomates* s y *vino* (7). ✓
4. ¿*Para* qué necesita usted *un puente*? (10-11). ✓
5. Aquí puede usted dormir *bajo techo* (14). ✓
6. Aquí no duermo bien; *bajo un puente*, sí (15-16). ✓

2. Busque las palabras pertenecientes a las siguientes clases

1. Vehículo.
   ...tren... (1). ✓
2. Color.
   ...rojo... (5). ✓
3. Recipiente.
   ...lata... (6). ✓
4. Bebida.
   ...vino... (7). *mesure* ✓
5. Medida.
   ...metros... (10). ✓
6. Temperatura.
   ...caliente... (14). ✓

3. Lea a su compañero

A) El sol se pone ya cuan▶ un tren se pa▶ en la estación de un pequeño pue▶ en medio de la llanura. De un vagón de mercancías se ba▶ un vagabundo, con un bulto a la espalda. E▶ un hombre de unos cuarenta años, de pelo lar▶ y rojo, co▶ la barba. El vagabundo de▶ su bulto en el suelo y se me▶ en el bar de la es▶. Allí pi▶ una lata de sar▶ en aceite, una barra de p▶, dos tomates y una bo▶ de vino.

B) Después de pagar, pre▶ al dueño: «Oiga, ¿h▶ por aquí algún puen▶?» «Sí, a unos qui▶ metros. Pero, ¿para qué quie▶ usted un puente, amigo?» «Para pa▶ la noche.» «Hombre, no es ne▶. Aquí en la estación tiene usted va▶ rincones buenos, ca▶ y bajo techo.» «No, muchas gra▶, señor, yo sólo s▶ dormir bajo un puente.»

4. Diálogos

a) Lea con su compañero:

A) —Oi▶, ¿hay por aquí al▶ puente?
B) —Sí, a u▶ quinientos metros.
A) —Muy bien, gra▶.
B) —¿Pa▶ qué quiere usted un puente?
A) —Para pa▶ la noche.
B) —¡Hace mucho frío bajo un puente!

b) Hagan dos diálogos parecidos.

5. Complete adecuadamente cada frase

por, para, a, en, de

1. Una mujer *de* hombros anchos. *¿pand large*
2. Leche ..en.. polvo. *✓ poudre*
3. Antes ..de. salir. ✓
4. ¿Hay un bolígrafo ..por.. ahí? ✓
5. La estación está a. dos kilómetros del pueblo. ✓

6. Pasatiempo

A) Empareje las palabras más afines entre sí.

1	meses	4	libro
2	llorar	5	cara ✓
3	preguntas	1	febrero
4	culta	3	respuesta
5	mejilla	2	lágrimas

B) Complete con la palabra adecuada de la columna derecha.

1. Preguntas sin .respuestas. ✓ *trop*
2. Un .libro... demasiado gordo. ✓
3. Tiene la .cara.... redonda. ✓
4. .Lágrimas....... de cocodrilo. ✓
5. .Febrero......... es un mes loco. ✓

Médico particular

Desde hace unos días, Arturo no se encuentra bien, le falta   1
energía y tiene ligeros mareos. A veces le duele también la
cabeza. Por fin se va a ver a su médico del Seguro. Éste le
manda unas gotas y unas inyecciones. Arturo se las pone, pero
no nota mejoría. Entonces, por consejo de un amigo, se va a la   5
consulta de un médico particular, en un barrio de gente rica.
En la sala de espera, Arturo ve dos cosas: la habitación está
amueblada con lujo, y los pacientes van muy bien vestidos.
«¡Ah! —piensa Arturo—, éste es un médico muy caro, me voy
ahora mismo». La enfermera le ve cuando ya abre la puerta   10
de salida.
    —Oiga, señor Del Pino, ¿se va usted?
    —Sí, no me encuentro muy bien, señorita.

NOTAS

mal de mer

ligeros – léger   Seguro –
mareos – étourdissements
duele – doler
gotas – gouttes
inyecciones – injections
mejoría – amélioration
lujo – luxe
ahora mismo – tout de suite

1. Diga lo mismo con palabras de la historia

1. Arturo se siente débil.
   Le falta energía (1-2).

2. No se siente mejor.
   No nota mejoría (5).

3. En la habitación hay muebles muy caros.
   La habitación está amueblada con lujo (7-8).

4. Los pacientes visten con elegancia.
   Los pacientes *van muy bien vestidos* (8).

5. No me siento bien.
   No me encuentro muy bien (13).

2. En la historia hay catorce nombres terminados en *-a(s)*. Búsquelos

1. ...*día*... 2. *energía* 3. *cabeza* 4. ...*gotas*...
5. ...*mejora*... 6. *consulta* 7. ...*sala*... 8. *espera*
9. ...*cosas*... 10. *enfermera* 11. *puerta* 12. *salida*
13. ...*falta*... 14. *señorita*

3. Lea a su compañero

A) Desde hace unos días, Arturo no se en▶ bien, le falta energía y tie▶
ligeros mareos. A veces l▶ duele también la ca▶. Por fin s▶ va a ver a
su mé▶ del Seguro. Éste le man▶ unas gotas y unas inyecciones. Arturo se l▶ pone, pe▶ no nota mejoría. En▶, por consejo de un amigo,
se v▶ a la consulta de un médico particular, en un barrio de gen▶
rica.

B) En la sala de espera, Arturo v▶ dos c▶: la habitación está amueblada
con lujo, y los pa▶ van muy bien ves▶. «¡Ah! —piensa Arturo—, és▶
es un médico muy ca▶, me voy a▶ mismo». La enfermera l▶ ve
cuando ya a▶ la puer▶ de salida. «Oi▶, señor Del Pino, ¿se v▶ usted?» «Sí, no m▶ encuentro muy bien.»

4. Diálogos

a) Lea con su compañero:

A) —¿S▶ *va usted?*
B) —*Sí.*
A) —¿P▶ *qu*▶?
B) —No me en▶ bien.
A) —¿Qué le pasa?
B) —Me due▶ la cabe▶.

cocer cocinar

b) Hagan dos diálogos parecidos.

5. Complete adecuadamente cada frase

pienso

cuando, se, cosida, nos, hace

1. Juan está fuera desde ...*hace*... diez días.
2. «¿Le gusta el vestido?» «No, no ...*se*... lo pone.»
3. La camisa está ...*cosida*... a mano.
4. Nos saludamos ...*cuando*... nos vemos.
5. ¿...*Nos*... vamos ya?

6. Pasatiempo

consejo	encuentra	paciente
amueblada	mareos	mejoría

A) Marque en la sopa de letras otras seis palabras parecidas.

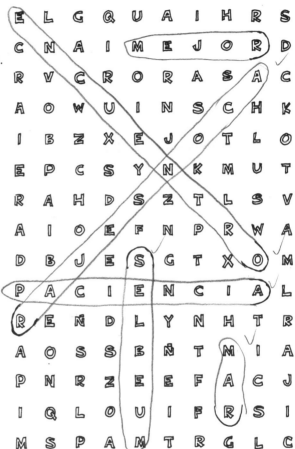

B) Coloque adecuadamente las palabras encontradas.

1. No ..encuentro.. las llaves.
2. El ..mar.. está tranquilo.
3. Es mi ..mejor.. amigo.
4. No me gusta ..aconsejar..
5. Son ..muebles.. de estilo antiguo.
6. Espera, ten ..paciencia..

El señor Obispo llega esta tarde

El niño más pequeño de la catequesis es Sebi. Por su corta   1
edad no entiende bien toda la doctrina, pero hace preguntas
muy inteligentes y tiene mucha curiosidad. Don Florencio, el
párroco, está muy contento con Sebi. Hoy don Florencio está
muy nervioso: el señor Obispo visita la parroquia. Llega esta   5
tarde. «Es un Obispo maravilloso», dice don Florencio a los
niños de la catequesis. «Es un santo y un sabio. Habla como
los ángeles y ama a Dios sobre todas las cosas.» El señor Obispo aparece por fin ante los niños. Ciertamente es un clérigo de
aspecto imponente. Es alto, fuerte y de ojos negros y brillan-   10
tes. Del cuello le cuelga una gran cruz con piedras preciosas.
Sonríe todo el tiempo y da un puñado de caramelos a cada
niño. Al niño más pequeño, Sebi, le da un beso y doble de
caramelos. Entonces éste, muy emocionado, dice al señor
Obispo: 15
　—Gracias, señor Dios.

[handwritten notes:]

gustar
querer
amar

párroco — curé
parroquia — parroise
Obispo — archevêque
sabio — sage
ama — amar : aimer
colgar — cuelga — accrocher, suspendre

1. Diga la verdad con palabras de la historia

1. Sebi es el niño mayor de la catequesis.
   No, Sebi *es el niño más pequeño* (1).
2. El señor Obispo no llega hoy.
   Sí, *llega esta tarde* (5-6).
3. El señor Obispo es bajo y rubio.
   No, *es alto* y moreno (10).
4. El señor Obispo tiene un aspecto triste.
   No, *sonríe todo el tiempo* (12).
5. El señor Obispo da pocos caramelos a Sebi.
   No, le *da doble* (13).

2. Busque los sinónimos de

1. Menor.
   ..más.. ..pequeño.. (1).
2. Comprende.
   ..entiende.. (2).
3. Satisfecho de.
   ..contento.. ..con.. (4).

4. Quiere.
   ..ama.. (8).
5. Verdaderamente.
   ..Ciertamente.. (9).
6. Impresionante.
   ..imponente.. (10).

3. Lea con su compañero

A) El niño más pequeño de la clase es Sebi. Por su corta e▶ no entiende b▶ toda la doctrina, pero ha▶ preguntas muy inteligentes y tie▶ mucha curiosidad. Don Florencio, el párroco, es▶ muy contento con Sebi. H▶ don Florencio está muy ner▶: el señor Obispo vi▶ la parroquia. Llega esta tar▶. «Es un obispo ma▶», dice don Florencio a l▶ niños de la catequesis. «Es un santo y un sa▶. Habla co▶ los ángeles y a▶ a Dios sobre todas las cosas.»

B) El señor Obispo aparece por fin ante los ni▶. Ciertamente es un clérigo de as▶ imponente. Es alto, fuer▶ y de ojos negros y brillantes. Del cue▶ le cuelga una gran cruz con pie▶ preciosas. Sonríe todo el tiem▶ y da un puñado de ca▶ a cada niño. A▶ niño más pequeño, Sebi, l▶ da un beso y doble caramelos. En▶ éste, muy emocionado, di▶ al señor O▶: «Gra▶, señor Dios.»

4. Diálogos

a) Lea con su compañero:

A) —¿Cuándo ll▶ el obispo?
B) —Esta tar▶.
A) —¿Qué as▶ tiene?

B) —Es al▶ y fuerte.
A) —¿Y cómo se llama?
B) —No sé... «Señor Obispo.»

b) Hagan dos diálogos parecidos.

5. Complete adecuadamente cada frase

> de, por, a, al

1. La guerra más larga ..de.. la historia.
2. Él respeta ..a.. su padre.
3. Está nervioso ..por.. la visita del obispo.
4. Es un niño ..de.. pelo rubio.
5. Da las gracias ..al.. profesor.

6. Pasatiempo

A) Coloque cada palabra bajo el dibujo correspondiente:

1. D I a b l o

CURA
CiELO
DiABLO
iGLESiA
iNFiERNO

2. c i e l o

4. i g l e s i a

3. c u r a

5. I N f i e r n o

B) Complete con la palabra adecuada.

1. El tráfico hoy es un *infierno*
2. Una *iglesia* del siglo XIV.
3. El *cura* del pueblo.
4. Los ángeles del *cielo*
5. Este niño es un *diablo*

87

ESTOY SEGURA

Rogelio Valerio y su mujer, Antonia Ballón, están dando   1
la vuelta al mundo. Él, fabricante de zapatos, es un hombre
muy rico. Ha trabajado mucho toda su vida, pero ahora viaja
para ver y aprender. Rogelio y Antonia han llegado a Londres, y todos los días salen del hotel temprano para visitar   5
museos, parques, monumentos, etc. Quieren verlo todo. Por la
noche vuelven al hotel muy cansados. Hoy el matrimonio está
visitando la National Gallery.

—En esta sala hemos estado ya —dice Antonia. Llevan
ya tres horas dentro y no han parado de ver cuadros.   10

—No recuerdo estos cuadros —responde Rogelio mirando
a su alrededor.

—Los hemos visto.

—¿Cómo lo sabes?

—Por ese letrero de TOILETS en la pared de enfrente.   15

NOTAS

dando – dar
vuelta al mundo – } tour du monde

parado – standing opposite of sentado

parar – stop.

1. Diga lo mismo con palabras de la historia

1. Hacen un viaje alrededor del mundo.
   Están dando la vuelta al mundo (1-2).

2. Tiene mucho dinero.
   Es un hombre muy rico (2-3).

3. Están en Londres.
   Han llegado a Londres. (4).

4. No quieren perderse nada.
   Quieren verlo todo (6).

5. Esta sala la hemos visto ya.
   En esta sala hemos estado ya (9).

89

2. En la historia hay cuatro palabras terminadas en *-ado* y tres en *-ando*. Búsquelas

1. _trabaj_ado. 2. _lleg_ado. 3. _est_ado.
4. _pas_ado. 5. _d_ando. 6. _visit_ando.
7. _mir_ando.

3. Lea a su compañero

A) Rogelio Valero y su mujer, Antonia Ballón, es▶ dando la vuelta al mun▶. Él, fabricante de za▶, es un hombre muy rico. H▶ trabajado mucho toda su vi▶, pero ahora via▶ para ver y aprender. Rogelio y Antonia h▶ llegado a Londres y todos los d▶ salen del hotel temprano pa▶ visitar museos, parques, monumentos, etc. Quie▶ verlo todo.

B) Por la noche vuel▶ al hotel muy cansados. H▶ el matrimonio está vi▶ la National Gallery. «En esta sala he▶ estado ya», dice Antonia. Lle▶ ya tres horas dentro y no h▶ parado de ver cua▶.» «No re▶ estos cuadros», responde Rogelio mi▶ a su alrededor. «L▶ hemos visto ya.» «¿Cómo l▶ sabes?» «Por e▶ letrero de TOILETS en la pa▶ de enfrente.»

4. Diálogos

a) Lea con su compañero:

A) —¿*Dónde ha es*▶ usted hoy?
B) —*En* la parte antigua de Barcelona.
A) —¿*Y qué* h▶ visto?
B) —El Barrio Gótico.
A) —¿Le ha gus▶?
B) —¡Qué maravilla!

b) Hagan dos diálogos parecidos.

5. Complete adecuadamente cada frase

| llevo, pensado, han, salido, para |

1. ¿Han _salido_ ustedes ya?
2. Leo _para_ olvidar.
3. Estoy _pensando_ una cosa.
4. ¿Habéis _salido_ esta tarde?
5. _Llevo_ veinte minutos en esta cola.

6. Pasatiempo

A) Empareje las palabras de la misma familia.

Tour

1	vuelta		2	fábrica

2	fabricante		4	viaje	*voyage*

3	vida		6	letra

4	viaja		1	vuelven

5	ver		3	vivimos

6	letrero		5	vista

B) Complete adecuadamente con las palabras de la columna derecha.

1. ..Vivimos.... en la sierra en verano.
2. Una ..fábrica.... de papel.
3. La ..letra.. ñ.
4. Está de ..viaje...
5. ..Vuelven.... el viernes.
6. Al volante la ..vista.... es la vida.

91

Cena en compañía

Está oscureciendo rápidamente. Debajo de un puente, un   1
vagabundo abre una bolsa y saca una barra de pan, una lata
de sardinas, otra de pimientos, dos tomates y una botella de
vino. Se da un largo trago, saca una radio y pone música.
Ahora se oyen unos pasos y otro vagabundo aparece bajo el   5
puente. Es un hombre de unos cuarenta años, de barba espesa
y negra.
 —Buenas tardes.
 —Buenas tardes.
 —Vengo a pasar la noche.   10
 —Aquí hay mucho sitio. ¿Un trago de vino? —invita el
vagabundo primero.
 El vagabundo segundo deja en tierra su bolsa y bebe de la
botella del otro. Éste pregunta:
 —¿Traes vino?   15
 El vagabundo segundo enseña con orgullo una caja de car-
tón sin abrir. En los ojos de los dos hombres brilla la felici-
dad. Ahora están ya comiendo y bebiendo.
 —¿A dónde vas?
 —A ninguna parte.   20
 —Yo, tampoco.

1. Busque en la historia las frases que indican lo siguiente

1. La hora aproximada del día.
   Está oscureciendo (1).
2. La edad aproximada del vagabundo joven.
   Unos cuarenta años (6).
3. Aspecto físico del vagabundo joven.
   Tiene una *barba espesa* y *negra* (6-7).
4. El vagabundo mayor se alegra de tener compañía.
   Aquí hay mucho sitio (11).
5. El vagabundo mayor tiene un temor.
   ¿*Traes vino*? (15).

2. En la historia hay seis nombres terminados en *-e(s)*. Búsquelos

1. ...*puente*... 2. ...*tomate(s)*... 3. ...*hombre (s)*...
4. ...*noche*... 5. ...*tardes*... 6. ...*parte*...

3. Lea a su compañero

A) Está oscureciendo rápidamente. De▶ de un puente, un vagabundo abre una bol▶ y saca una ba▶ de pan, una lata de sardinas, otra de pi▶, dos to▶ y una botella de vino. Se d▶ un largo trago, sa▶ una radio y po▶ música. Ahora s▶ oyen unos pasos y o▶ vagabundo aparece ba▶ el puente. E▶ un hombre de unos cuarenta a▶, de bar▶ espesa y negra. «Buenas tardes.» «Buenas tardes.» «Vengo a pasar la noche.»

B) «Aquí hay mucho si▶. ¿Un trago de vino?», invita el vagabundo primero. El vagabundo se▶ deja en tierra su bolsa y be▶ de la botella del otro. Éste pre▶: «¿Traes vino?» El vagabundo segundo en▶ con orgullo una caja de car▶ sin abrir. En los o▶ de los dos hombres brilla la felicidad. Ahora están ya co▶ y be▶. «¿A dó▶ vas?» «A ninguna parte.» «Yo, tampoco.»

4. Diálogos

a) Lea con su compañero:

A) —*Bue*nas tar▶.
B) —*Bue*▶ tardes.
A) —¿*Un* tra▶ de vino?
B) —Con mu▶ gusto.
A) —¿A dónde v▶ usted?
B) —A nin▶ parte.

b) Hagan dos diálogos parecidos.

5. Complete adecuadamente cada frase

dinero, se, sin, ningún

1. ...*Se*... oye ruido. ✓
2. ...*Se*... da una ducha por la mañana. ✓
3. ¿Tienes ...*dinero*...? ✓
4. Una habitación ...*sin*... pintar. ✓
5. No tengo ...*ningún*... interés. ✓

94

6. Pasatiempo

A) Marque en la sopa de letras cinco palabras parecidas a éstas:

bebe ✓

orgullo ✓

brilla ✓

felicidad ✓

comiendo ✓

A	V	N	Z	B	C	S	I	E	D	G	F	K
L	G	A	H	Y	T	H	R	Z	O	A	I	N
I	U	B	L	U	O	C	J	S	O	L	A	A
K	L	D	H	R	M	N	O	C	Q	E	B	Ñ
P	E	V	I	C	I	L	I	M	T	C	S	O
P	Q	D	A	S	L	O	P	S	I	Q	P	V
W	E	R	S	U	C	D	J	D	T	D	E	O
I	X	Ñ	G	L	N	A	I	A	U	C	A	T
V	R	R	A	S	A	E	R	E	A	Ñ	A	U
X	O	A	D	S	T	W	Y	S	F	S	A	Z
O	B	R	I	L	L	A	N	T	E	S	E	B
D	Ñ	R	B	G	Y	I	U	O	L	R	F	O
O	T	F	E	G	C	N	P	V	I	H	I	J
E	G	K	B	I	M	N	Z	L	Z	M	U	A
H	L	N	L	L	A	A	O	E	O	W	S	I
P	I	I	K	D	O	Q	R	U	S	A	X	T
U	A	J	E	E	V	L	I	M	C	O	L	C

B) Complete adecuadamente con las palabras encontradas.

1. Unos ojos *brillantes* ✓
2. Una *bebida* alcohólica. ✓
3. Eres muy *orgulloso*
4. Una persona *feliz* ✓
5. ¿Le gusta la *comida* española?

orgulleux su
proud estoy.

95

PREGUNTE AL COCINERO

Doña Margarita come hoy fuera. Lo hace varias veces al   1
mes, cuando su marido está de viaje. Ella entiende mucho de
cocina. Hace unos platos exquisitos a su marido. Éste está
enamorado de esos platos, y de su esposa también. A veces
doña Margarita y su esposo tienen invitados a comer. En esas   5
ocasiones aquélla siempre escucha comentarios de admiración.
«Doña Margarita, ¡qué asado tan gustoso! ¡Qué delicadeza!
¿Cuál es su secreto para cocinar tan bien?» «¿Mi secreto? Me
gusta comer bien y uso siempre productos del tiempo.»

Hoy doña Margarita ha entrado por primera vez en cier-   10
to restaurante. Le han hablado de la gran calidad de sus platos. La señora lee la carta y luego dice a un joven camarero:

—De primero, menestra de verduras. ¿La verdura es del
tiempo?

—No lo sé, señora.   15

—Pregúntele al cocinero.

—No puedo, señora, sólo habla francés.

1. **Diga lo mismo con palabras de la historia**

   1. No come hoy en casa.
      Come hay fuera (1).
   2. Es una gran cocinera.
      Entiende mucho de cocina (2-3).
   3. Le encantan.
      Está enamorada de (3-4).
   4. ¡Qué exquisitez!
      ¡*Qué delicadeza*! (7).
   5. Para empezar.
      De primero (13).

2. Busque los sinónimos de

1. Esposo.
   ...*marido*... (2).
2. Ausente. *absent*
   ...*de viaje*... (2).
3. Mujer.
   ...*esposa*... (4).

4. Oye.
   ...*escucha*... (6).
5. Frescos.
   ...*del tiempo*... (9).
6. Me es imposible.
   ...*no puedo*... (17).

3. Lea a su compañero

A) Doña Margarita come hoy fuera. Lo ha▶ varias veces al mes, cuan▶ su marido está de viaje. Ella en▶ mucho de cocina. Hace unos pla▶ exquisitos a su marido. Este es▶ enamorado de esos platos, y de su esposa tam▶. A ve▶ doña Margarita y su marido tie▶ invitados a comer. En e▶ ocasiones a▶ siempre escucha comentarios de admiración. «Do▶ Margarita, ¡qu▶ asado tan gustoso! ¡Qu▶ delicadeza! ¿C▶ es su secreto para cocinar t▶ bien?»

B) «¿Mi se▶? Me gusta comer bien y u▶ siempre productos del tiem▶.» Hoy doña Margarita ha en▶ por pri▶ vez en cierto restaurante. L▶ han hablado de la gran calidad de sus platos. La señora l▶ la carta y luego di▶ a un joven camarero: «De primero, menestra de ver▶. ¿La verdura es del tiem▶?» «No l▶ sé, señora.» «Pre▶ al cocinero.» «No puedo, señora, sólo ha▶ francés.»

4. Diálogos

a) Lea con su compañero:

A) —¿Qu▶ va a tomar, señor?
B) —De pri▶, consomé.
A) —¿Y de segundo?

B) —Pollo asado.
A) —¿Y de beber?
B) —Cerveza.

b) Hagan dos diálogos parecidos.

5. Complete adecuadamente cada frase

> *cuál, os, de, a, en*

1. Dos días .*a*. la semana.
2. No entiendo nada .*de*. mecánica.
3. Nunca trabajo .*en*. día de fiesta.
4. ¿.*Cuál*... es tu maleta?
5. ¿.*Os*. han contado la noticia?

98

6. Pasatiempo

A) Escriba al derecho los nombres de los diferentes objetos.

ARODÍTAB — *BATIDORA*

ONROH — *HORNO*

NETRAS — *sartén*

OZAC — *CAZO*

ALEUZAC — *CAZUELA*

ALLO — *OLLA*

B) Con esas palabras, complete adecuadamente las siguientes frases:

1. Pon la *cazuela* en el fuego.
2. Hice la mayonesa con la *Batidora*.
3. Con la *olla* de vapor es más rápido.
4. El pastel está en el *horno*.
5. El mango del *cazo* está muy caliente.
6. Echa el huevo en la *sartén*.

PUENTES LIMPIOS

El sol ya calienta. El vagabundo mayor está haciendo sus   1
necesidades detrás de un matorral. El vagabundo joven duerme todavía bajo el puente. Por encima de éste el tráfico
aumenta. Por los alrededores se ven casas de campo. De algunas chimeneas sale humo. Se oyen distintos pajarillos. Pasa   5
cerca un rebaño de ovejas, al frente va un pastor y detrás un
perro. El vagabundo joven abre los ojos y se sienta. Bosteza,
se levanta y se pone a orinar contra la pared. El otro vagabundo lo está mirando desde el matorral.

— ¡Oye, tú! —grita aquél—. ¡Ahí, no!   10
— ¿Por qué no?
— Los puentes deben estar limpios para dormir.
— ¡Pero están muy bien ventilados, hombre!

NOTAS

1. **Complete con palabras de la historia**

   1. No es muy temprano porque *el sol calienta* (1).
   2. El vagabundo mayor no está dormido, porque *está haciendo sus necesidades* (1-2).
   3. No es un lugar solitario, porque *se ven casas de campo* (4).
   4. El vagabundo joven no es limpio, porque *se pone a orinar* bajo el puente (8).
   5. Según el vagabundo mayor, los puentes son *para dormir* (12).

2. En la historia hay ocho formas verbales terminadas en *-e(n)*. Búsquelas

1. *duerme* 2. *sale* 3. *abre* 4. *oye*
5. *ven* 6. *oyen* 7. *pone* 8. *deben*

3. Lea a su compañero

A) El sol ya ca▶. El vagabundo mayor está ha▶ sus necesidades detrás de un matorral. El vagabundo jo▶ duerme to▶ bajo el puente. Por encima de és▶ el tráfico aumenta. Por los alrededores s▶ ven casas de cam▶. De algunas chimeneas sa▶ humo. S▶ oyen distintos pajarillos. Pasa cer▶ un rebaño de o▶; al frente v▶ un pastor y detrás un pe▶.

B) El vagabundo joven a▶ los ojos y s▶ sienta. Bosteza, se le▶ y se po▶ a orinar contra la pa▶. El otro vagabundo l▶ está mi▶ desde el matorral. «¡Oye, tú! —grita a▶—. ¡Ahí, no!» «¿Por qué no?» «Los puentes de▶ estar limpios pa▶ dormir.» «¡Pero están m▶ b▶ ventilados, hombre!»

4. Diálogos

a) Lea a su compañero:

A) —¡Oye! ¿Qué haces?
B) —¿No lo ves?
A) —Eso no está bien.
B) —¿Por qu▶?
A) —No es muy lim▶.
B) —¡No pasa nada!

b) Hagan dos diálogos parecidos.

5. Complete adecuadamente cada frase

se, de, del, cenando, nada

1. ¿Estás *cenando*?
2. Hay un árbol delante *de* la casa.
3. Los vagabundos están debajo *del* puente.
4. Desde allí *se* ve el mar.
5. *Se* habla español.
6. No veo *nada*.

102

6. Pasatiempo

ALREDEDOR<u>ES</u>   A L R E D E D O R

ORINA<u>R</u>   O r i n a

DESPIERT<u>A</u>   d e s p i e r t o

BOSTEZ<u>A</u>   b o s t e z o

SUCI<u>EDAD</u>   S u c i o

CALIENT<u>A</u>   c a l i e n t E

A) Fórmense nuevas palabras suprimiendo las letras subrayadas.

B) Complete adecuadamente con las nuevas palabras:

1. La leche no está *caliente* ✓

2. Un viaje *alrededor* del mundo. ✓

3. El niño está *despierto* ✓

4. El vaso está *sucio* ✓

5. Un análisis de *orina* ✓

6. Un largo *bostezo*, ✓

Fácil solución

En este edificio de seis plantas, los vecinos tienen gustos   1
muy diferentes. A veces hay conflictos entre ellos, aunque Carlos, el portero, un hombre muy diplomático, sabe mantener la
paz. Ha llegado la primavera. Por la calle la gente anda sin
abrigo. Por las ventanas del edificio entra un sol fuerte. Una   5
vecina del quinto piso dice a Carlos: «Carlos, por favor, nos
estamos asando de calor en casa. ¿Por qué no quita usted la
calefacción?» Pero una señora del sexto protesta: «¡Ah, no,
nosotros queremos calefacción, y más alta aún!» Un señor del
tercero interviene: «Carlos, usted es un hombre listo, usted   10
decide.» Luego Carlos sube un poco la calefacción y en seguida le llama la señora del quinto:

— Carlos, siento aún más calor.

— Bien, usted imagine que es el mes de agosto: abra todas
las ventanas y téngalas abiertas todo el tiempo.   15

NOTAS

1. **Busque en la historia las frases que indican lo siguiente**

   1. Cómo es el edificio.
      Tiene *seis* *plantas* (1).
   2. Están en desacuerdo.
      Hay *conflictos* *entre* *ellos* (2).
   3. El tiempo es muy bueno.
      Gente *anda* *sin* *abrigo* (4-5).
   4. Cómo es Carlos.
      Es *un* *hombre* *listo* (10).
   5. Qué hace Carlos por fin.
      Sube *un* *poco* *la* *calefacción* (11).

2. Busque los antónimos de

1. Parecidos.
   diferentes (2).
2. Guerra.
   paz. (4).
3. Frío.
   calor (7).
4. Pone.
   quita (7).
5. Baja.
   alta (9).
6. Tonto.
   listo (10).

3. Lea a su compañero

A) En es▶ edificio de seis plantas, los ve▶ tienen gustos muy diferentes. A veces hay conflictos entre e▶, aunque Carlos, el por▶, un hombre muy diplomático, sa▶ mantener la paz. Ha lle▶ la primavera. Por la ca▶ la gente an▶ sin abrigo. Por las ventanas del edificio en▶ un sol fuerte. U▶ vecina del quinto pi▶, dice a Carlos: «Carlos, por f▶, n▶ estamos asando de calor en ca▶. ¿Por qué no qui▶ usted la ca▶?»

B) Pe▶ una señora del sex▶ protesta: «¡Ah, no, no▶ queremos calefacción, y m▶ alta aún!» Un se▶ del ter▶ interviene: «Carlos, usted es un hom▶ listo, usted de▶.» Luego Carlos su▶ un poco la calefacción y en se▶ le llama la señora del quin▶. «Carlos, sien▶ aún más ca▶.» «Bien, usted imagine que e▶ el mes de agosto: a▶ todas las ventanas y tén▶ abiertas todo el tiempo.»

4. Diálogos

a) Lea con su compañero:

A) —*Hace* ca▶, *¿verdad?*
B) —Un poco.
A) —¿Está la ca▶ puesta?
B) —Sí.
A) —¿La quitamos?
B) —Muy bien.

b) Hagan dos diálogos parecidos.

106

5. Complete adecuadamente cada frase

> me, llámala, que, sin, ha, luego

1. ¿..Ha.. llegado el cartero?
2. Vengo ..sin.. dinero.
3. ..Me. estoy cansando.
4. ..luego...... hablamos.
5. Piense ..que... no es muy temprano.
6. ..Llámala..... por teléfono.

6. Pasatiempo

A) Forme nuevas palabras colocando la terminación adecuada.

> uroso, cia, a, ación, sión

a) DIFERENTE
   DIFEREN C I A

d) DECIDE
   DECI S I O N

b) LLEGADO
   LLEGAD A

e) IMAGINE
   IMAGIN A C I O N

c) CALOR
   CAL U R O S O

B) Coloque adecuadamente las palabras anteriores.

1. La ..llegada.... del avión es a las cuatro.
2. Hace un día ..caluroso....
3. ¿Cuál es tu ...decisión...?
4. La ..imaginación.. del artista.
5. Una ..diferencia... de opinión.

Manías de la gente

El vagabundo de la barba negra se llama Arsenio. El otro   1
vagabundo, mayor y de barba roja, se llama Andrés. Éste
tiene su radio encendida mientras recoge sus cosas.

—Me voy al pueblo —dice Andrés a Arsenio—. No está
lejos. Allí pido a la puerta de la iglesia por la mañana, y a la   5
puerta del supermercado por la tarde. Ya me conocen todos.
Pero es un pueblo demasiado pequeño para dos vagabundos.
Mira, por ese camino se va otro pueblo. Hay un indicador:
«Moraleda, 3 kms.» Allí hay un convento donde dan de comer
gratis, a mediodía y a la noche. La comida no está mal. Las   10
monjas son muy simpáticas. Puedes dormir en un parque junto al río, aunque es un poco húmedo. ¡Ah!, el primer día no
hay problema con las monjas, pero el segundo tienes que ir
limpio y lavado.

—¡Pero qué manía con la higiene tiene la gente! —protesta   15
Arsenio.

NOTAS

monjas – religieuse, nonne.

mientras – cependant, en même temps

demasiado – trop excessif.

aunque – Quoique, encore que

aún – Encore

1. Diga la verdad con palabras de la historia

1. Arsenio es el vagabundo mayor.
   No, *Andrés* *es el* *mayor* (2).
2. Por la mañana Andrés pesca en el río.
   No, pide *a la* *puerta* *de la* *iglesia* (5).
3. En el convento hay frailes. — *moines*
   No, hay *monjas* (11).
4. El parque es perfecto para dormir.
   No, *es un* *poco* *húmedo* (12).
5. No hay problema con las monjas.
   Sí, desde el *segundo* *día* hay *que ir limpio y*
   lavado (13-14).

2. Busque los antónimos de

apagar - eteindre, apaiser

1. Apagada.
   encendida ... (3)

2. Aquí.
   allí ... (5)

3. Bien.
   problema ... (13)

4. Antipáticas.
   simpáticas (11)

5. Seco.
   húmedo ... (12)

6. Sucio.
   limpio ... (14)

3. Lea a su compañero

A) El vagabundo de la barba negra se lla▶ Arsenio. El otro vagabundo, ma▶ y de barba roja, se llama Andrés. És▶ tiene su radio encendida mien▶ recoge sus cosas. «Me v▶ al pueblo —dice Andrés a Arsenio—. No es▶ lejos. Allí pi▶ a la puerta de la i▶ por la mañana, y a la puert▶ del supermercado por la tarde. Pe▶ es un pueblo de▶ pequeño para dos vagabundos. Mi▶, por ese camino s▶ va a otro pueblo.»

B) «Hay un indicador: "Moraleda, 3 kms.". Allí h▶ un convento donde d▶ de comer gratis, a mediodía y a la no▶. La co▶ no está mal. Las monjas son muy sim▶. Puedes dor▶ en un parque junto al río, aun▶ es un poco húmedo. ¡Ah!, el pri▶ día no hay problema con las monjas, pe▶ el segundo tie▶ que ir limpio y lavado.» «¡Pero qu▶ manía con la higiene tie▶ la gente!», protesta Arsenio.

4. Diálogos

a) Lea con su compañero:

A) —*Oiga, ¿*dan de co▶ aquí?
B) —*Sí.*
A) —*¿Hay qu*▶ pagar?

B) —No, es gra▶.
A) —¿Có▶ es la comida?
B) —No es▶ mal.

b) Hagan dos diálogos parecidos.

5. Complete adecuadamente cada frase

> los, qué, poco, donde, demasiado, a

1. *Los* ... veo desde aquí.
2. Unos pantalones *demasiado* ... cortos para ti.
3. Un restaurante ... *donde* ... come mucha gente.
4. Junto *a* la pared.
5. El cinturón es un *poco* ... caro.
6. ¡*Qué* ... película!

110

6. Pasatiempo

Complete adecuadamente con estas palabras.

> *sale, jabón, distancia, cama, bañar*

1. —¿A qué d i s t a n c i a está el pueblo?
   —No está lejos de aquí.

2. —¿No puedo dormir aquí?
   —No, no hay c a m a

3. —¿Está ya lavado el perro?
   —Sí, con agua caliente y j a b ó n

4. —¿Por dónde se s a l e?
   —Por esa puerta.

5. —¿Dónde me puedo b a ñ a r?
   —En el río.

UN CAMBIO

El café Saborí ha cerrado para siempre. En su lugar hay ahora un banco. Durante veinte años Vicente ha sido cliente del Saborí. Todos los días laborables, a media mañana, ha tomado allí su taza de café con leche. Ahora Vicente va a la cafetería Turkestán, donde cada día dice al camarero: 1

—Café con leche, por favor.

—Muy bien, señor. 5

Es un camarero muy rápido, y pronto Vicente tiene ante sí una taza de té con limón. Vicente se bebe el té con resignación y se va muy triste. Esto está ocurriendo desde hace seis meses. Hoy, sin embargo, Vicente ha entrado en el Turkestán con una solución para su problema en la cabeza. 10

—Un té con limón, por favor —pide al camarero.

Éste se queda sorprendido por un momento.

—¡Ah, ha cambiado usted! 15

112

NOTAS

1. **Complete con palabras de la historia. ¿Qué dice ésta de...**

   1. un banco?
      En ...*lugar*... del ...*café*... Saborí ...*hay ahora*... un banco (1-2).
   2. media mañana?
      A esa hora Vicente toma una ...*taza de café con leche*... (4).
   3. el camarero?
      ...*Es muy rápido*... (8).
   4. la cabeza de Vicente?
      Vicente lleva en ella ...*un solución para su problema*...(11-12).
   5. la reacción del camarero, hoy?
      ...*Se queda sorprendido por un momento*... (14).

113

2. En la historia hay cinco palabras terminadas en *-nte* y dos terminadas en *-nto*. Búsquelas

1. *dura*....nte.   2. *ver*....nte.   3. ....*Vice*nt*e*.
4. *clie*...nte.   5. .....*a*...nte.   6. *pro*....nto.
7. *momen*....nto.

3. Lea a su compañero

A) El café Saborí ha ce▶ para siempre. En su lugar h▶ ahora un banco. Du▶ veinte años Vicente h▶ sido cliente del Saborí. To▶ los días laborables, a media ma▶, ha to▶ allí su taza de café con leche. A▶ Vicente va a la cafetería Turkestán, don▶ cada día dice al ca▶: «Café con le▶, por fa▶.» «Muy bien, se▶.»

B) Es un camarero muy rá▶, y pronto Vicente tie▶ ante sí una ta▶ de té con li▶. Vicente se be▶ el té con resignación y se va muy triste. Es▶ está ocurriendo des▶ hace seis meses. Hoy, sin embargo, Vicente h▶ entrado en el Turkestán con una solución p▶ su problema en la ca▶. «Un té con li▶, por favor», pi▶ al camarero. Éste se que▶ sorprendido por un mo▶. «¡Ah, ha cam▶ usted!»

4. Diálogos

a) Lea con su compañero:

A) —Un café c▶ leche, *por fa▶*.
B) —*Muy bien. ¿Algo* de comer? ·
A) —Una tostada.
B) —En se▶.
A) —El café con leche, muy caliente.
B) —*De acuerdo*, señor.

b) Hagan dos diálogos parecidos.

5. Complete adecuadamente cada frase

mandas –
commander
envoyer
ordonner
faire venir

hace, me, cada, durante, mandado

1. He estudiado holandés ...*durante*... tres meses.
2. Todas las Navidades me ha ...*mandado*... un christmas».
3. Hay un bar en ...*cada*... esquina.
4. «¡Qué corbata!» «...*me*... la han regalado.»
5. Estoy en paro desde ...*hace*... un año.

A) Escriba al derecho los nombres siguientes.

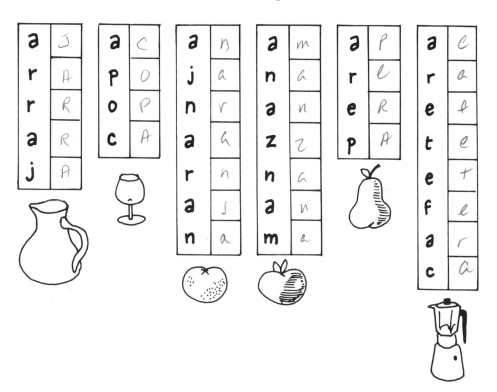

a	J		a	C		a	n		a	m		a	P		a	e
r	A		P	O		j	a		n	a		r	e		r	a
r	R		o	P		n	r		a	n		e	R		e	t
a	R		c	A		a	h		z	z		p	A		t	e
j	A					r	n		n	a					e	t
						a	J		a	n					f	e
						n	a		m	a					a	r
															c	a

B) Complete adecuadamente con las palabras anteriores.

1. Una ....*cafetera*........... eléctrica.
2. Una ....*naranja*........... agria.
3. Una ....*pera*........... sin rabo.
4. Una ....*manzana*........... asada.
5. Una ....*copa*........... de champán.
6. Una ....*jarra*........... de agua.

FIESTAS EN EL PUEBLO

Es el mes de agosto. Los dos vagabundos, Arsenio y An-   1
drés están pasando un verano muy agradable. Durante la noche hace fresco en la playa, y allí es donde ellos duermen. La
siesta la echan bajo el porche del Ayuntamiento. El pueblo
está en fiestas. Hay concursos, verbenas, bailes y atracciones.   5
La música, la iluminación y la presencia de la gente duran
hasta el amanecer. Han venido muchos forasteros. Hay por
tanto un gran ambiente de diversión. Los dos amigos han tira-
do al blanco, han jugado a la tómbola y se han montado en
las «olas» y otros emocionantes aparatos. Esta noche, como   10
de costumbre, Arsenio y Andrés han cenado sobre la arena de
la playa. No han terminado todavía su botella de vino.
— ¿Te vienes a los coches de choque? —pregunta Arsenio.
—No, esta noche no tengo ganas de salir —contesta
Andrés.   15

NOTAS

forasteros · étranger

1. **Complete con palabras de la historia**

   1. Los dos amigos *duermen* en *la playa* porque *hace* *fresco* (3).
   2. Hay mucha diversión porque *el pueblo está en fiestas* (4-5).
   3. Mucha gente se divierte *hasta el amanecer* (7)
   4. *Los dos amigos* se *han montado en* varios *emocionantes aparatos* (8-10).
   5. *Esta noche*, Arsenio y Andrés ya *han cenado sobre la arena de la playa* (10-12).
   6. Andrés *no* tiene *ganas de salir esta noche* (14).

117

2. En la historia hay ocho palabras de cuatro sílabas y tres de cinco sílabas. Búsquelas

De cuatro sílabas:
1. *vagabundos* 2. *agradable* 3. *atracciones*
4. *amanecer* 5. *forasteros* 6. *ambiente*
7. *aparatos* 8. *todavía*

De cinco sílabas:
9. *ayuntamiento* 10. *iluminación* 11. *emocionantes*

3. Lea a su compañero

A) Es el m▶ de agosto. Los dos va▶, Arsenio y Andrés, están pa▶ un verano muy agradable. Du▶ la noche hace fresco en la pla▶, y allí es don▶ ellos duermen. La siesta l▶ echan ba▶ el porche del Ayuntamiento. El pue▶ está en fiestas. H▶ concursos, verbenas, bai▶ y atracciones. La música, la iluminación y la presencia de la gente du▶ hasta el amanecer. Han ve▶ muchos forasteros.

B) H▶ por tanto un gran ambiente de diversión. Los dos a▶ han ti▶ al blanco, han ju▶ a la tómbola y s▶ han montado en las «olas» y o▶ emocionantes aparatos. Esta no▶, como de costumbre, Arsenio y Andrés h▶ cenado sobre la a▶ de la playa. No han ter▶ todavía su bo▶ de vino. «¿Te vie▶ a los coches de choque?», pre▶ Arsenio. «No, es▶ noche no ten▶ ganas de sa▶», contesta Andrés.

4. Diálogos

a) Lea con su compañero

A) —¿*Tienes ga▶ de* salir hoy?   B) —¿Vemos «El pájaro azul»?
B) —Sí.   A) —¿Es buena?
A) —¿*Vamos* al cine?   B) —Buenísima.

b) Hagan dos diálogos parecidos.

5. Complete adecuadamente cada frase

> *calor, hasta, habéis, durante, aprendiendo*

1. Estáis *aprendiendo* mucho.
2. Hace *calor* aquí.
3. Hago deporte *durante* el fin de semana.
4. ¿*Habéis* visto su nueva barca?
5. Hemos estado juntos *hasta* las seis.

sport, récréation

118

6. **Pasatiempo**

A) Empareje las palabras más afines entre sí.

1	verano		3	bombilla	bulb
2	playa		5	aire	
3	iluminación		4	borracho	
4	vino		1	vacaciones	
5	fresco		2	ola	

B) Complete adecuadamente con las palabras de la columna derecha.

1. Una ...bombilla... de 100 vatios.
2. El ...aire... del mar.
3. Estamos de ...vacaciones...
4. ¡No estoy ...borracho...!
5. Una ...ola... muy alta.

OTRO ZUMO

—¿Me da un zumo de tomate? —pide Santiago al cama-   1
rero.

Mientras se bebe su zumo, Santiago ve a su alrededor grupos de mujeres y hombres hablando y riendo.

—Toda esa gente parece muy contenta —dice Santiago al   5
camarero.

—Es el vino —responde aquél con sonrisa maliciosa.

—¿Ah, sí? Nunca he probado el vino.

—¿Ah, no? Es usted un caso extraordinario.

—Siempre tomo zumo de tomate.   10

El camarero llena un vaso de vino y se lo ofrece a Santiago.

—Tome, le invita la casa.

Media hora después, Santiago está hablando animadamente con otras personas. Hace una señal al camarero y éste acude.   15

—¿El señor desea otro zumo de lo mismo?

—¡Naturalmente!

NOTAS

Zumo – jus

nunca – jamais

nunca jamas – jamais

1. Complete con palabras de la historia

1. Primeramente, Santiago ...*pide un zumo de tomate*... (1).
2. Alrededor de Santiago hay ...*mujeres*... y ...*hombres hablando*...
   y ...*riendo*..... (4).
3. Santiago ...*es*... un ...*caso*... ...*extraordinario*........... porque
   ...*nunca*... ha ...*probado*..... ...*el vino*.... (8-9).
4. El camarero ofrece ...*un vaso de vino a Santiago*... (11-12).
5. Santiago no quiere un ...*zumo*... ...*de*... tomate (16-17).

121

2. En la historia hay tres palabras con *g* y una con *j*. Búsquelas

1. *Santiago*   2. *grupos*   3. *mujeres*   4. *gente*

¿En qué casos *g* se pronuncia como *j*? ¿Hay alguno de esos casos entre las cuatro palabras anteriores?

Cuando el "g" está enfrente de
"e" e "i" se pronuncia como "j"

gente

3. Lea a su compañero

A) «¿Me da un zu▶ de tomate?», pide Santiago al ca▶. Mientras s▶ bebe su zumo, Santiago v▶ a su alrededor gru▶ de hombres y mujeres ha▶ y riendo. «Toda esa gente parece muy con▶», dice Santiago a▶ camarero. «E▶ el vino», responde a▶ con sonrisa maliciosa. «¿Ah, sí? Nun▶ he pro▶ el vino.» «¿Ah, no? Es usted un ca▶ extraordinario.» «Siem▶ tomo zumo de to▶.»

B) El camarero lle▶ un vaso de vino y se l▶ ofrece a Santiago. «Tome, l▶ invita la casa.» Media hora después, Santiago es▶ hablando animadamente con o▶ personas. Ha▶ una señal al camarero y és▶ acude. «¿El señor de▶ otro zumo de lo mis▶?» «¡Naturalmente!»

4. Diálogos

a) Lea con su compañero:

A) —*¿Qué* zumos *tienen?*
B) —*Tenemos* de to▶, de naranja y de pera.
A) —*¿Son* naturales?
B) —Los tenemos na▶ y de bote.
A) —Un zumo de na▶ natural.
B) —*En seguida,* señora.

b) Hagan dos diálogos parecidos.

122

5. Complete adecuadamente cada frase

> *fácil, de, paseando, le, lo*

1. Un pastel ..*de*.. chocolate.
2. He visto mucha gente ...*paseando*..
3. El problema no parece ..*fácil*..
4. ¿Me ..*lo*.. das?
5. A usted ..*le*.. hacemos un precio especial.

6. Pasatiempo

A) El alumno **A** escribe al derecho los nombres de las verduras **a, c, e, g e i,** y las dicta al alumno **B**.

B) El alumno **B** hace lo mismo con los nombres de **b, d, f, h y j**.

a) ONABÁR
RÁBANO   *Radis*

f) OTNEIMIP
PIMIENTO

b) LOC
COL   *chou*

g) AGUHCEL
LECHUGA

c) ONIPEP
PEPINO   *concombre*

h) AIBIDNE
ENDIBIA
endive

d) AIROHANAZ
ZANAHORIA

i) ALLOBEC
CEBOLLA   *oignon*

e) OIPA
APIO   *celeri*

j) ETAMOT
TOMATE

NECESIDAD URGENTE

Son las nueve y cuarto cuando Leoncio llega a su oficina.   1
Esta mañana no ha oído el despertador. La noche anterior ha
estado en una fiesta y se ha acostado a las tres de la mañana.
En la oficina, todo el mundo está ya en su sitio. Unos escriben
a máquina, otros hablan por teléfono, otros manejan papeles.   5
    —¿Ha llegado el jefe? —pregunta Leoncio a una compa-
ñera.
    —Sí, y ha preguntado por ti.
    —¡Siempre pregunta por mí cuando llego tarde!
Dos minutos después, Leoncio está delante de su jefe.   10
    —Nuevamente ha llegado usted tarde.
    —No, señor, he llegado a la hora.
    —A las nueve y cinco he preguntado por usted y no le han
encontrado.
    —Eso es porque no me han buscado en los servicios.   15
    —¿En los servicios? Oiga, las necesidades del cuerpo se ha-
cen en casa.
    —Es que tengo diarrea, sabe usted...

NOTAS

1. **Complete con palabras de la historia**

   1. Leoncio no ha oído el despertador porque _se_ _ha acostado a_
      las tres _de la mañana_ (3).
   2. En la oficina, _todo_ _el_ _mundo_ trabaja (4).
   3. ¿Está _el_ _jefe_ en su despacho? (6).
   4. El jefe _siempre_ _pregunta_ _por_ Leoncio _cuando_
      éste llega _tarde_ (9).
   5. _Eso_ es _porque_ no _han_ mirado _en_ los _servicios_ (15).

2. En la historia hay diez palabras con *d* intervocálica. Búsquelas

1. oído
2. despertador
3. estado
4. acostado
5. todo
6. llegado
7. preguntado
8. encontrado
9. buscado
10. necesidades

3. Lea a su compañero

A) Son las nueve y cuarto cuan▶ Leoncio llega a su oficina. Es▶ ma-ñana no ha oí▶ el despertador. La noche an▶ ha estado en una fiesta y se ha a▶ a las tres de la mañana. En la o▶, todo el mun▶ es▶ ya en su si▶. U▶ escriben a má▶, o▶ hablan por teléfono, o▶ manejan pa▶. «¿Ha lle▶ el jefe?», pregunta Leoncio a una com▶. «Sí, y h▶ preguntado por ti.» «¡Siem▶ pregunta por m▶ cuando lle▶ tarde!»

B) Dos minutos des▶, Leoncio es▶ delante de su je▶. «Nuevamente ha lle▶ usted tar▶.» «No, señor, he llegado a la ho▶.» «A l▶ nueve y cinco he pre▶ por usted y no l▶ han encontrado.» «E▶ es por▶ no me h▶ buscado en los servicios.» «¿En los ser▶? Oi▶, las nece-sidades del cuerpo se h▶ en cas▶». «Es que ten▶ diarrea, sabe usted...»

4. Diálogos

a) Lea con su compañero

A) —*Perdón por llegar tar▶.*
B) —*¿Qué h▶ pasado?*
A) —No h▶ oído el des▶.
B) —Bueno, no tiene importancia...
A) —Y hay mucho tráfico.
B) —Sí, también es verdad.

b) Hagan dos diálogos parecidos.

5. Complete adecuadamente cada frase

| mí, han, las, anterior, se |

1. Son las cinco y diez.
2. La semana anterior
3. ¿Han traído el pan?
4. ¿Han preguntado por mí?
5. Ya no se hacen estos relojes.

6. Pasatiempo

| carpeta|secretaria|despacho|armario|lámpara|archivador |

A) La cadena anterior consta de seis palabras distintas. Córtelas para colocarlas adecuadamente en los siguientes espacios:

A R C H I V A D O R

d e s p a c h o

S E C R E T A R I A

C a R P E T A   *Sous-main Tapis de table*

a r m a r i o

L A M P A R A

B) Use las palabras anteriores para completar estas frases:

1. La *secretaris* .... está hablando por teléfono.
2. Un *achivador* .... de tres cajones. *tiroirs*
3. El *despacho* .... del jefe.
4. Una *carpeta* .... de plástico.
5. Un *armario* .... metálico.
6. La *lampara* .... está encendida.

127

HISTORIAS
PARA CONVERSAR

- ## NIVEL UMBRAL
  * CASSETTE

- ## NIVEL BÁSICO
  * CASSETTE

- ## NIVEL MEDIO
  * CASSETTE

- ## NIVEL SUPERIOR
  * CASSETTE

- ## SOLUCIONARIO
  (Para toda la serie)